桥艺测试第一辑④

消去打法测试

[英]大卫·伯德
[澳]蒂姆·伯克 著

连若旸 康蒙 黄水怒 译

成都时代出版社

四川省版权局
著作权合同登记章
图进字 21-2015-177 号

图书在版编目（CIP）数据

消去打法测试 / (英) 伯德，(澳) 伯克著；连若旸，康蒙，黄水怒译.
-- 成都：成都时代出版社，2015.12
(桥艺测试. 第一辑)
ISBN 978-7-5464-1495-9

Ⅰ. ①消… Ⅱ. ①伯… ②伯… ③连… ④康… ⑤黄…
Ⅲ. ①桥牌-基本知识 Ⅳ. ①G892

中国版本图书馆 CIP 数据核字（2015）第 230260 号

桥艺测试第一辑④. 消去打法测试
QiaoYi CeShi DiYiJi ④. XiaoQu DaFa CeShi
[英] 大卫·伯德　[澳] 蒂姆·伯克　著
连若旸　康　蒙　黄水怒　译

出 品 人　石碧川
责任编辑　曾绍东
封面设计　陈二龙
版式设计　陈二龙
责任校对　陈　硕
责任印制　干燕飞

出版发行　成都时代出版社
电　　话　(028) 86619530 (编辑部)
　　　　　(028) 86615250 (发行部)
网　　址　www.chengdusd.com
印　　刷　三河市华晨印务有限公司
规　　格　140mm×215mm　1/32
印　　张　13.4375
字　　数　430 千字
版　　次　2015 年 12 月第 1 版
印　　次　2015 年 12 月第 1 次印刷
印　　数　1-5000 册
书　　号　ISBN 978-7-5464-1495-9
全套定价　76.00 元（共四册）

前言

本书是桥技进阶丛书第四册《消去与投入测试》的配套书籍。但本书仅涵盖了消去打法(在终局时两手牌至少都有一张将牌),而更多出现于无将定约中的投入打法,将收入桥技测试丛书的另一册《残局与妙招》中。

为什么你应该不断磨炼你的消去打法技巧？有两个非常好的原因。首先它是一个相对容易实施的打法,很多情况下你甚至不需要记住已出过的牌张!第二个原因是使用或防守该项技巧出现的几率——几乎在你所打的每一节桥牌中都会遇见。因此回报是相当丰厚的。

在我们开始解题前，先给出了消去打法的简要总结。如果想要阅读完整的内容,请参看桥技进阶丛书的《消去与投入》。

目录 Content

如何实施消去打法

主打花色定约时，经常会遇到有一门“问题花色”。什么叫“问题花色”？就是那一门你想要避免一个潜在输墩的花色。请看下面这些持牌的例子：

1)	2)	3)
◇A Q 6	♡Q 7 2	♠A J 3
N W E S	N W E S	N W E S
◇8 5 3	♡K 5 4	♠10 6 2

假设你必须自己动组合(1)的结构。为了避免两个输墩，你必须用◇Q 飞牌——一个只有 50%成功机会的打法。如果你能够迫使你右手的敌方(RHO)出这门花色是不是很棒？迎接一个方块回攻到明手的间张里，你将确保能够取得两墩方块。

如果你必须自己动组合(2)，能够避免两个输墩的机会微乎其微。你将尝试朝着某一个大牌引牌，希望在第二家位置的防守人持有单张或双张 A。现在让我们假设你能够迫使某一个特定的防守人帮你出这门花色，你的机会将飙升至 50%！如果这一防守人恰好持有♡A，你就可以用第四家的大牌赢进他的回攻，然后向另一大牌引牌取得第二个赢墩。

在组合(3)中你取得两个黑桃赢墩的前景如何？你需要左手敌方持有单张或双张大牌，或同时持有两张大牌。然而，如果防守方不得不先动这门花色，并且在赢进第一轮后被迫继续出这门花色，你将确保两个赢墩。例如东家用 Q 赢进了第一轮，他将不得不回牌进入明手的 A-J 间张。

正如你所见到的,如果你能迫使防守方先动一门花色,你在这门花色中的机会经常能够得到提升。如何才能实现呢?依靠消去打法!你先清将,消去一或两门边花。“消去”的含义是什么?有两种基本形式。它可以是你把一门花色在你手中和明手中的牌张全部出光,使得防守方如果要出这门花色将无可避免地送给你一个将吃垫牌;另一种形式是你把防守方手中所持的一门特定花色的牌张全部出光,这样当然防守方不可能再出这门花色。一旦你使得防守方手中再无安全花色可出,就投入给他们,迫使他们不得不先帮你动你的“问题花色”。

现在来看一个应用这一技巧的完整牌例。

	♠K 10 5 2 ♡K 9 3 ◇K 8 4 ♣Q 7 6	
♠9 8 3 ♡Q J 10 4 ◇J 9 3 ♣A 10 2	N W E S	♠4 ♡8 7 6 2 ◇Q 10 7 5 ♣K 9 4 3
	♠A Q J 7 6 ♡A 5 ◇A 6 2 ♣J 8 5	

西家对 4♠定约首攻♡Q,你停下来开始制定做庄计划。在长将牌(南家)的一手中你有一个方块输墩和三个潜在的梅花输墩。对于方块输墩你无能为力,而梅花是“问题花色”。如果你自己动这门花色,你最好的机会就是朝着一张大牌引小牌,接着再朝另一张大牌引牌。只有在♣A 和♣K 都在同一家手中(或是你第一次引牌时第二家的单张大牌跌落)时你才能够成功。如果相反你能够迫使防守方先动梅花,你将肯定能够取得一墩牌。无论他们是回攻 A 或 K,还是在第三家不得不打出 A 或 K,两种情况下你的 Q 和 J 都将成为对抗另一张大牌的等值牌张。你将能够建立起一个所需要的梅花赢墩。

在本例中通过使用“消去打法”,你将能够迫使防守方为你先动梅花。你用 **A** 赢进红心首攻,然后清三轮将牌。接着出红心到 **K**,并将吃一轮红心。你已经打光了你自己手中和明手中的全部红心牌张,从而实现了“消去红心”。你继续兑现两轮方块顶张,并出小方块。第三轮方块完成了两个目标,你打光了自己手中和明手中的全部方块牌张,“消去方块”;与此同时,防守方也遭到了投入。剩下的牌张是:

西 (W)	北 (N) / 南 (S)	东 (E)
	♠10 ♡— ♢— ♣Q 7 6	
♠— ♡J ♢— ♣A 10 2	N W E S	♠— ♡— ♢Q ♣K 9 4
	♠J ♡— ♢— ♣J 8 5	

哪位防守人赢进第三轮方块毫无差别。他们都将面对要么首先动梅花,在这门花色中送给你一墩牌;要么出红花色,送给你一个将吃垫牌的处境。在后一种情况下,你可以从一手垫掉一张梅花,并让另一手将吃。这将使你只剩下两个梅花输墩,因为你总可以将吃第三轮梅花。无论怎样,定约都已回家!

在有些牌局中,只有某一特定防守人被迫出牌时,你才能够成功。请看下面的牌例:

西 (W)	北 (N) / 南 (S)	东 (E)
	♠K 8 5 2 ♡A J 7 ♢8 7 2 ♣A K 6	
♠Q 10 3 ♡9 4 ♢A 10 9 3 ♣10 9 8 3	N W E S	♠J ♡10 8 6 5 2 ♢Q J 4 ♣Q 7 5 2
	♠A 9 7 6 4 ♡K Q 3 ♢K 6 5 ♣J 4	

西家对4♠定约首攻♣10。你让明手赢进并出两轮大将牌，发现西家有一个将牌赢墩。现在是跳♢K的时候了吗？当然不！你应该计划消去梅花和红心，然后用西家持有的将牌顶张投入给他。

打牌次序如何进行？你兑现♣K并将吃梅花，消去这门花色；然后你连取红心赢墩。下面是你打第三轮红心时的局势：

	♠8 5 ♡J ♢8 7 2 ♣—	
♠Q ♡— ♢A 10 9 3 ♣10	N W E S	♠— ♡10 8 ♢Q J 4 ♣Q
	♠9 7 ♡Q ♢K 6 5 ♣—	

如果西家将吃第三轮红心，他将陷入终局打法，不得不出方块或送给你将吃垫牌。而他拒绝将吃也不会有任何差别——你将利用♠Q投入他，同样的，他仍将不得不送给你一墩牌。这一打法能够成功的原因是西家是被投入的一方。如果是东家开始持有♠Q103，投入他对你毫无帮助，因为他能够出方块穿梭K。

有时你需要利用问题花色本身投入某位防守人，迫使他帮你出这门花色的第二轮：

	♠A Q 9 ♡A 10 6 ♢10 8 5 ♣K J 6 3	
♠J 5 4 ♡J 9 7 2 ♢Q 9 6 3 ♣9 4	N W E S	♠K 10 8 2 ♡Q 8 4 3 ♢J 7 4 2 ♣5
	♠7 6 3 ♡K 5 ♢A K ♣A Q 10 8 7 2	

西家对你的 6♣定约首攻将牌。你在红心、方块和梅花中都没有输墩,问题花色是黑桃。如果你打算完全由自己处理这门花色,你会在第一轮用 9 飞牌(在西家同时持有 J 和 10 时获益)。如果 9 飞丢给了 J 或者 10,你就在第二轮用 Q 飞牌。这一打法有 62%的机会成功。而用消去打法的路线做庄,成功机会增加至 100%!

做庄应如何进行?你赢进将牌首攻并再清一轮将,然后打方块 A 和 K,用第三轮将牌进入明手,将吃明手的最后一张方块。接着你出红心 K 和 A,并将吃明手的最后一张红心,完成对两门红花色的消去。剩下的牌张是:

	♠A Q 9 ♡— ♢— ♣J	
♠J 5 4 ♡— ♢Q ♣—	N W E S	♠K 10 8 ♡Q ♢— ♣—
	♠7 6 3 ♡— ♢— ♣10	

你能看出下一步是什么吗?你从南家引黑桃并从明手出♠9。东家用♠10 赢进,但他将只能出黑桃进入明手的 A-Q 间张,或出♡Q 送给你一个将吃垫牌。无论他怎样选择,你都将完成满贯。

如果西家选择在第一轮黑心时上大牌,插入♠J 会怎样?结果毫无差别。你用明手的♠Q 盖过,输给东家的♠K。此时明手的♠A-9 仍将是针对东家 10-8 的有效间张,回黑桃到明手的结构仍将让你完成定约。

必须认识到的重要一点是在你投出时,庄家手中和明手都至少要有一张将牌。假设在我们刚刚看到的残局中,明手已没有将牌。东家可以安全地回攻♡Q,而不会有将吃垫牌存在,也就不会产生额外赢墩。

现在你已经有了总体的概念。你消去一门或几门花色，使得防守方手中不再有安全脱手张；然后你投入某一防守人，迫使他回牌送给你额外赢墩。在导言这一章中，我们已经见到了几类消去打法的基本形式。在接下来的36个题目中，你将会面对很多不同类型和变化的消去打法局势。这将帮助你测试自己的技巧，看你是否已能够在桌上熟练运用，找出致胜的打法。如果你还不能做到，也不必担心。通过阅读答案，学习我们对致胜打法的分析解答，这类打法都将在未来为你所用。祝你好运！

习题1

	♠A 8 5 ♡K 9 7 3 ◇K Q J ♣7 4 3
首攻♡2	
	♠Q 6 4 ♡A Q J 10 4 ◇6 5 2 ♣A Q

西	北	东	南
			1♡
1♠	2♠	不叫	4♡
全不叫			

在将牌首攻下，你准备如何完成这一成局定约？

习题2

	♠A K ♡Q J 9 6 ♢A 7 6 ♣10 8 5 2
首攻♠J	
	♠6 4 ♡A K 10 8 3 ♢K Q ♣A 7 6 3

西	北	东	南
			1♡
不叫	**3NT***	不叫	**4♣**
不叫	**4♢**	不叫	**4♡**
不叫	**4♠**	不叫	**6♡**
全不叫			

西家首攻♠J，你准备如何完成6♡？

习题 3

	♠Q 9 6 ♡A 6 5 3 ◇7 4 ♣10 7 6 2	
首攻♡K	N W E S	
	♠A K J 10 8 2 ♡10 ◇A 8 ♣A K Q 3	

西	北	东	南
			2♣
2♡	不叫	不叫	2♠
不叫	3♠	不叫	4♣
不叫	4♡	不叫	5♣
不叫	6♠	全不叫	

首攻♡K，你准备如何完成这一小满贯？

习题 4

♠J 9 7 5
♡10 8 3
◇K 10 2
♣K 4 2

首攻♣Q

♠A K Q 6 4
♡J 7 4
◇A J 4
♣A 5

西	北	东	南
			1♠
不叫	2♠	不叫	4♠
全不叫			

通过一个简洁的叫牌过程,你们叫到了 **4♠**。你的做庄计划是什么?(将牌 **3-1** 分布)

解答 1

♠A 8 5
♡K 9 7 3
◇K Q J
♣7 4 3

♠K J 9 3 2
♡2
◇A 10 7 3
♣K J 9

♠10 7
♡8 6 5
◇9 8 4
♣10 8 6 5 2

♠Q 6 4
♡A Q J 10 4
◇6 5 2
♣A Q

西	北	东	南
			1♡
1♠	2♠	不叫	4♡
全不叫			

北家的2♠扣叫显示了至少加叫到3♡的实力。西家首攻将牌对抗你的红心成局定约，你赢进后又清了两轮将。下一步呢？

♠K几乎一定坐在你的♠Q后面，并且西家很有可能还同时持有♣K。由于你在两手中都还留有将牌，考虑消去打法是自然而然的选择。你可以顶出◇A并消去这门花色，接下来应该如何处理黑花色，才是能够应对外面任何牌张分布的最佳路线？

答案是拔掉黑桃A，并继续出黑桃。西家不得不在第二轮用♠K赢进你的♠Q。在兑现第二个黑桃赢墩后，他将被迫回出草花或送给你将吃垫牌。

让我们来看一下打牌过程。在清光将牌后，你开始打方块；西家用A赢进后，安全地打出另一张方块脱手；你兑现第三轮方块，消去这门花色。接下来你拔掉♠A达到如下局势：

	♠8 5 ♡9 ♢— ♣7 4 3	
♠K J 9 ♡— ♢10 ♣K J	N W E S	♠10 ♡— ♢— ♣10 8 6 5 2
	♠Q 6 ♡J 10 ♢— ♣A Q	

在经过一系列准备工作后,你出一张黑桃到 Q。西家用 K 赢进并兑现第二个黑桃赢墩,接下来他将不得不送给你一墩牌。回黑桃或方块将是一吃一垫,你可以让明手将吃并垫掉手中的♣Q;回梅花就直接钻进你的 A-Q 间张。无论怎样都能取到十墩牌!消去打法有趣吧?

解答 2

	♠A K ♡Q J 9 6 ◇A 7 6 ♣10 8 5 2	
♠J 10 9 7 2 ♡7 5 2 ◇9 8 4 ♣K J	N W E S	♠Q 8 5 3 ♡4 ◇J 10 5 3 2 ♣Q 9 4
	♠6 4 ♡A K 10 8 3 ◇K Q ♣A 7 6 3	

西	北	东	南
			1♡
不叫	3NT*	不叫	4♣
不叫	4◇	不叫	4♡
不叫	4♠	不叫	6♡
全不叫			

北家的 3NT 是斯普林特应叫体系的一个约定叫，显示逼叫到局的均型好支持。经过一系列扣叫，你叫到了 6♡。两个梅花输墩摆在了你眼前。现在能够做些什么？你的目标应该是消去黑桃和方块，然后投入给持有双张草花大牌的防守人。

做庄应如何进行？你赢进黑桃首攻，清三轮将牌，然后解封方块 K 和 Q，通过剩下的黑桃大牌进入明手。在用◇A 垫掉一张梅花后，你用♣A 回到手中。西家在第一轮梅花上可以选择出哪一张大牌。假设他跟了♣J，留下♣K 在手中，终局形势将是：

	♠— ♡J ◇— ♣10 8 5	
♠10 9 7 ♡— ◇— ♣K	N W E S	♠Q ♡— ◇J ♣Q 9
	♠— ♡10 8 ◇— ♣7 6	

接着你再出一轮梅花，西家只有单张K，不得不赢进。他只剩下黑桃可回，送给你一个将吃垫牌。你让明手将吃，并垫掉手中的最后一张梅花，完成满贯。

假设在上面的终局时西家留在手中的是♣J而非♣K。对防守方而言仍然没有改善，对不对？当你再出梅花时，东家不能承受用♣Q盖吃同伴的♣J，因为这将使明手的♣10成为赢墩。所以西家还是不得不送给你一个将吃垫牌。

如果西家原始持有的不是♣KJ而是♣K4，将会发生什么？一位训练有素的防守人会在你打第一轮梅花时就把K垫在A下面。这样东家随后就可以兑现到梅花Q和J，击宕满贯。如果西家的水平稍逊一筹，他就可能在原始持有♣K×时，未能解封♣K。他将随后在第二轮被♣K投入，送成定约。你还可以在打牌早期就从手中直接拔♣A，使得他更难找到正确的防守路线。

当西家原始持有♣KJ×时，他必须在第二轮梅花时上♣K，以防止他的同伴仅剩♣Q而被投入。专家级牌手处于东家的位置会在第一轮解封♣Q，以避免他的同伴需要面临这样的考验。

解答 3

	♠Q 9 6 ♡A 6 5 3 ◇7 4 ♣10 7 6 2	
♠7 4 ♡K Q J 9 7 2 ◇K 9 5 3 ♣5	N W E S	♠5 3 ♡8 4 ◇Q J 10 6 2 ♣J 9 8 4
	♠A K J 10 8 2 ♡10 ◇A 8 ♣A K Q 3	

西	北	东	南
			2♣
2♡	不叫	不叫	2♠
不叫	3♠	不叫	4♣
不叫	4♡	不叫	5♣
不叫	6♠	全不叫	

北家的 3♠ 同意以黑桃为将牌，随后的三个叫品都是显示控制的扣叫。西家首攻♡K 对抗你的小满贯，你发现只要梅花是 3-2 分布(或击落单张♣J)一切都没有问题。你有什么办法能够应对某一防家持有♣J×××吗？

当将牌是 2-2 分布时，你能够通过消去打法防范梅花的恶劣分布(你能相信吗？)。赢进红心首攻并将吃一次红心，开始消去红心：用♠9 进入明手，再将吃一次红心；你接着用♠Q 过桥，高兴地看到将牌是 2-2 分布，并将吃掉明手的最后一张红心。当你兑现梅花 A 和 K 时，正如所预见的一样，4-1 分布出现了。这令你感到烦恼吗？恰恰相反！这正意味着你之前的消去打法即将结出胜利的果实。所余牌张是：

	北	
	♠6 ♡— ♢7 4 ♣10 7	
♠— ♡Q ♢K 9 5 3 ♣—	N W E S	♠— ♡— ♢Q J 10 ♣J 9
	♠J ♡— ♢A 8 ♣Q 3	

你接下来出方块 **A** 和小方块。它起到的双重作用是消去方块套,并投入给某位防守人。是西家还是东家赢进第二轮方块毫无差别。如果是西家赢进,他将送给你一个将吃垫牌;如果是东家赢进,他要么送给你将吃垫牌,要么将从♣J 中引牌进入你的分离嵌张。无论是哪种情况,都能够取到十二墩牌。同时也请注意,在西家原始持有♣J×××时,你也能通过同样的方法完成定约。

顺便说一句,如果你没能找出这些习题的致胜做庄路线,请不要匆忙翻页去看下一道习题。我们建议你往回翻几页,重新面对题目所给出的两手牌。现在你已经知晓了标准答案,能够“看见”根据整手牌发展变化而至的可预见的终局,你将能够更敏锐的洞察到牌桌上出现的类似局势。

解答4

♠J 9 7 5
♡10 8 3
◇K 10 2
♣K 4 2

♠8
♡K 9 5
◇8 7 6 3
♣Q J 10 7 6

♠10 3 2
♡A Q 6 2
◇Q 9 5
♣9 8 3

♠A K Q 6 4
♡J 7 4
◇A J 4
♣A 5

西	北	东	南
			1♠
不叫	2♠	不叫	4♠
全不叫			

防守你的黑桃成局定约，西家首攻♣Q。你发现你在红心中有三个输墩,在方块中还有一个潜在输墩。你应该如何做庄?

对于你的三个红心输墩你不太可能有什么办法,但在方块中的成功飞牌将能够使你免于输一墩牌给Q。由于你既有◇J又有◇10,你面临一个双向飞牌的猜断。你既可以飞东家也可以飞西家的Q。

通过消去打法的做庄路线,你可以让自己免于方块中的猜断。南家赢进梅花首攻并清三轮将牌，你接着兑现♣K并让南家将吃一次梅花,消去这门花色。目前还剩下这些牌张:

♠J
♡10 8 3
◇K 10 2
♣—

♠—
♡K 9 5
◇8 7 6
♣J

♠—
♡A Q 6 2
◇Q 9 5
♣—

♠6
♡J 7 4
◇A J 4
♣—

现在你用红心脱手。防守方可以愉快地兑现他们的三个红心赢墩。三轮红心过后，保有出牌权的防守人将发现他要面对两个同样糟糕的选择。他或者选择第一个动方块套，帮你解决猜断问题；或者选择送给你一个将吃垫牌。不管怎样，你都能够避免在方块中的输墩从而完成定约。

习题5

♠Q 6
♡Q 9 8 6 5 4
◇7 4
♣A Q 6

首攻◇J

♠A 10 4
♡A K J 7 3
◇A 3
♣K J 5

西	北	东	南
			2NT
不叫	3◇*	不叫	4♡*
不叫	6♡	全不叫	

西家首攻◇J，你准备如何完成定约？

习题6

	♠A J 8 3 ♡8 7 2 ♢Q 4 ♣A Q 7 4
首攻♣10	N W E S
	♠K Q 9 5 ♡A K 5 ♢A 8 ♣K J 5 3

西	北	东	南
			2NT
不叫	3♣	不叫	3♠
不叫	6♠	全不叫	

直接加叫至 6NT 对北家很有诱惑力。面对你实际的持牌，看起来他做出了正确的决定，找到了一个 4-4 配。你准备如何完成这一小满贯？（将牌 3-2 分布。）

习题 7

	♠Q J 10 5 ♡A 3 2 ◇A 7 ♣Q 8 7 3	
首攻♡4	N W E S	
	♠A K 8 6 3 ♡K 9 6 ◇K 5 ♣10 9 6	

西	北	东	南
		1♡	1♠
不叫	4♠	全不叫	

首攻红心,你准备如何完成定约?(将牌是 3-1 分布。)

习题 8

	♠A Q 7 2 ♡A 6 ◇A K 9 ♣Q 8 5 3
首攻♠4	
	♠K J 10 8 5 ♡K 4 ◇Q 4 ♣A 7 6 2

西	北	东	南
	1♣	不叫	**1♠**
不叫	**4♠**	不叫	**4NT**
不叫	**5◇**	不叫	**6♠**
全不叫			

首攻将牌，你准备如何完成定约？（将牌是 **3-1** 分布。）

解答 5

	♠Q 6 ♡Q 9 8 6 5 4 ◇7 4 ♣A Q 6	
♠J 9 5 2 ♡10 ◇J 10 9 5 ♣10 8 4 2	N W E S	♠K 8 7 3 ♡2 ◇K Q 8 6 2 ♣9 7 3
	♠A 10 4 ♡A K J 7 3 ◇A 3 ♣K J 5	

西	北	东	南
			2NT
不叫	3◇*	不叫	4♡*
不叫	6♡	全不叫	

南家决定超转，再叫 4♡ 而不是简单转移至 3♡。北家跳加叫至小满贯，首攻是◇J。你用手中的 A 赢进◇J 首攻，并清光敌方将牌。唯一的机会是消去梅花套，并用方块脱手。当你这样做时，西家用◇9 赢进。他面对这样的终局：

	♠Q 6 ♡Q 9 8 6 5 ◇— ♣—	
♠J 9 5 2 ♡— ◇10 5 ♣10	N W E S	♠K 8 7 3 ♡— ◇K Q 8 ♣—
	♠A 10 4 ♡K J 7 3 ◇— ♣—	

续出方块会给你将吃垫牌并送成定约。由于出梅花也一样会送给你一个将吃垫牌，西家会用小黑桃脱手。现在你必须进行猜断了。

你是会从明手出♠Q，寄希望于西家持有♠K？还是会出小黑桃，寄希望于西家持有♠J，而东家不得不上♠K？如果你还没有研究过这个问题，现在花一点时间想一想。

你应该从明手放小，打西家持有♠J。为什么这样选择？因为如果西家持有♠K，东家会用K或Q赢进第二轮方块，并出黑桃穿梭你的A！由于你非常确定东家持有♠K，唯一的机会就是希望西家持有♠J。

解答 6

♠A J 8 3
♡8 7 2
◇Q 4
♣A Q 7 4

西：
♠6 4
♡J 4
◇K J 9 5 3 2
♣10 9 8

东：
♠10 7 2
♡Q 10 9 6 3
◇10 7 6
♣6 2

♠K Q 9 5
♡A K 5
◇A 8
♣K J 5 3

西	北	东	南
			2NT
不叫	3♣	不叫	3♠
不叫	6♠	全不叫	

防守你的黑桃小满贯定约，西家首攻♣10。你在红花色中有两个潜在输墩，因此必须考虑某种消去的终局打法。你赢进梅花首攻并调将，发现东家持有三张将牌，他的搭档有两张；接下来的两轮梅花揭示出西家原始持有三张梅花，东家有两张。接下来怎么办？红心和方块，用哪一个脱手更好？

一种可能是打红心 A、K 和小红心。如果赢进第三轮红心的防守人同时持有◇K，他将没有安全的脱手张。但这条路线存在两个潜在的问题：第一个是在红心 4-3 分布时，防守方几乎完全可以选择由谁进手赢得第三轮红心（例如假设一个防守人同时持有◇K 和♡Q××，他可以在第一轮或第二轮解封♡Q，来避免遭到投入；他的搭档将赢进这轮红心）；第二个问题是在红心 5-2 分布时，也是你恐怕需要依赖的分布，持有五张红心的防守人将只有三张方块，而他的搭档则持有六张——因而其持有◇K 的可能性与三张方块的人相比将达到“2 比 1”。

最佳路线是寄希望于红心 5-2 分布，且只有两张红心的防守人同时持有♢K。这样的话在兑现两轮红心顶张大牌后，将达到如下终局：

	北	
	♠J ♡8 ♢Q 4 ♣7	
♠— ♡— ♢K J 9 5 3 ♣—	N W E S	♠— ♡Q 10 ♢10 7 6 ♣—
	♠9 ♡5 ♢A 8 ♣J	

你现在先出方块 A，再用第二轮方块脱手。西家的♢K 赢进，且已没有红心可出。他只能继续出方块，使你得以在一手将吃并从另一手垫掉一个红心输张。十二墩到手。

正如你所见到的，用红心脱手的另一条路线将会失败。东家持有五张红心，将赢进第三轮，但他能够安全地用方块脱手。由于西家持有六张方块而他同伴只有三张，因此他持有方块 K 的可能性是他同伴的两倍。

解答 7

	♠Q J 10 5 ♡A 3 2 ♢A 7 ♣Q 8 7 3	
♠9 7 4 ♡4 ♢10 8 6 4 3 2 ♣5 4 2	N W E S	♠2 ♡Q J 10 8 7 5 ♢Q J 9 ♣A K J
	♠A K 8 6 3 ♡K 9 6 ♢K 5 ♣10 9 6	

西	北	东	南
		1♡	1♠
不叫	4♠	全不叫	

防守你的黑桃成局定约，西家首攻♡4。你赢进这一墩并清三轮将牌。如果你接下来出♣10将会怎样？只要西家持有♣J，一切都会很顺利。但是如果飞失给东家，他将会顶开红心套。你将不得不输掉三墩梅花和一墩红心——宕一。

更好的路线是清光将牌后，消去方块，然后兑现你剩下的红心顶张。剩下这些牌：

	♠J ♡3 ♢— ♣Q 8 7 3	
♠— ♡— ♢10 8 4 ♣5 4 2	N W E S	♠— ♡Q J ♢Q ♣A K J
	♠8 6 ♡9 ♢— ♣10 9 6	

现在你用第三轮红心投入东家。他将不得不从他的方向出

梅花，帮明手树立♣Q 这一墩牌；或是送给你一个将吃垫牌。即便东家持有全部三张缺失的梅花大牌，你仍然能够完成定约。

在我们给出的牌型分布中，只有一条防守路线能够击宕定约。首先西家需要找到几乎不可能的梅花首攻，让东家用 J 赢进；现在东家要抵挡住兑现梅花赢墩的诱惑，否则你将可以树立一墩梅花垫掉你的红心输张。东家必须在第二墩转攻红心，顶掉你的一个红心止张。毫无疑问你将清将，并再出梅花，但东家用 K 赢进后，将顶掉你的最后一个红心止张。没有什么能够阻止他取得第三个梅花赢墩和一个红心赢墩。

解答 8

北
♠A Q 7 2
♡A 6
◇A K 9
♣Q 8 5 3

西
♠9 6 4
♡Q 9 8 2
◇10 8 3
♣J 10 4

东
♠3
♡J 10 7 5 3
◇J 7 6 5 2
♣K 9

南
♠K J 10 8 5
♡K 4
◇Q 4
♣A 7 6 2

西	北	东	南
	1♣	不叫	**1♠**
不叫	**4♠**	不叫	**4NT**
不叫	**5◇**	不叫	**6♠**
全不叫			

防守 **6♠** 西家首攻将牌。第一眼看上去似乎你需要西家持有 **♣K**。采用消去打法，你能够将你成功的机会显著提高。你赢进将牌首攻并继续清将，接着你兑现两轮红心和三轮方块，垫掉一张梅花。剩下的牌张是：

北
♠7
♡—
◇—
♣Q 8 5 3

西
♠—
♡Q 9
◇—
♣J 10 4

东
♠—
♡J 10
◇J
♣K 9

南
♠J 10
♡—
◇—
♣A 7 6

在红花色全部消去后，你拔掉梅花 **A** 并再出一轮梅花。明手的 Q 被东家的 K 盖吃，但东家已无梅花可出！他陷入了残局，将不得不出一门红花色，送给你一个将吃垫牌。你手中的最后一个梅花输墩解决了——完成满贯。

当西家在第二轮梅花上打出 J 时，剩下的牌张也有可能是下面这样的分布：

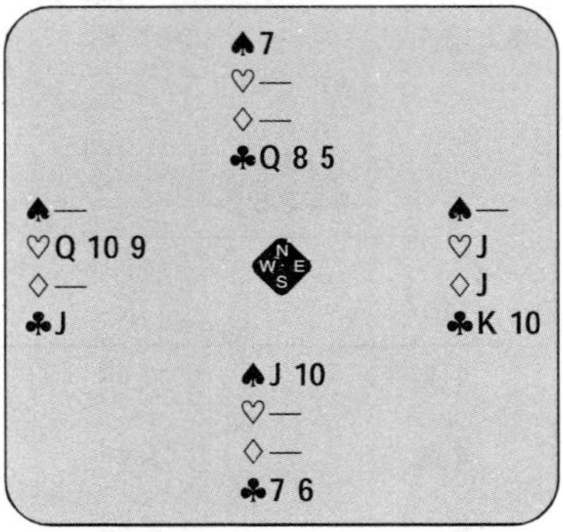

当西家掉出♣J 时，致胜打法是从明手出小忍让！东家无法承受盖吃，因为这将使明手的♣Q 成为赢墩；而当西家不得不用♣J 赢进后，他将只能出红心送给你一个将吃垫牌。

作为庄家，留给你的问题是：你应该用♣Q 盖上西家的♣J，打西家原始持有♣KJ×？还是应该从明手出小，希望西家原始持有♣J×而被投入，送给你一个将吃垫牌？

如果西家是一位好的防守人，他就会在第一轮梅花上从♣J×中解封 J，避免任何可能遭到投入的风险。基于这一假设，你应该让明手上 Q，打西家原始持有♣KJ×——正如我们在解答中给出的答案一样。

习题 9

♠Q 10 9 8 3
♡K 7 5 2
◇K 6 2
♣9

首攻♡Q

♠A K J 6 4 2
♡4
◇9 5 3
♣A 8 4

西	北	东	南
			1♠
不叫	4♠	全不叫	

你忍让了首攻的♡Q 后，防守方续攻♡J。你计划如何做庄？

习题10

♠K 10 8 7 4
♡A K 9
◇A 4 2
♣6 3

首攻♣K

♠A Q J 3 2
♡Q 7 4 3
◇Q 9 6
♣A

西	北	东	南
			1♠
2NT*	3◇*	不叫	4♣
不叫	4◇	不叫	4♠
不叫	6♠	全不叫	

西家的不寻常无将争叫显示了他至少持有 5-5 的双低花，防守你的黑桃满贯他首攻♣K。你准备如何完成这一满贯？

习题 11

	♠8 6 2 ♡K J 10 7 ◇A 8 7 ♣K 4 2
首攻♣Q	
	♠A K 7 ♡A Q 6 5 2 ◇K J 3 ♣7 5

西	北	东	南
			1♡
不叫	3♡	不叫	4♡
全不叫			

西家首攻♣Q,你准备如何完成定约?(将牌是3-1分布。)

习题 12

♠A 10 8 4 3
♡6 3
◇K 6 2
♣K Q 8

首攻♠2

♠K Q J 6
♡A Q
◇A J 4
♣A 10 6 3

西	北	东	南
			2NT
不叫	3♡*	不叫	4♠*
不叫	4NT	不叫	5♣*
不叫	5◇*	不叫	6♠*
全不叫			

防守你的黑桃小满贯,西家首攻将牌,东家跟出。看起来每门边花都有潜在机会,你计划如何做庄?

解答 9

	♠Q 10 9 8 3 ♡K 7 5 2 ♢K 6 2 ♣9	
♠5 ♡Q J 10 6 ♢Q 10 4 ♣K J 7 6 2	N W E S	♠7 ♡A 9 8 3 ♢A J 8 7 ♣Q 10 5 3
	♠A K J 6 4 2 ♡4 ♢9 5 3 ♣A 8 4	

西	北	东	南
			1♠
不叫	4♠	全不叫	

敌方看起来也能完成高阶定约，但你的搭档非常漂亮的直接跳至 4♠，把他们关在了叫牌之外。西家首攻♡Q 对抗你的黑桃成局定约。由于从概率上讲至少有 5000 比 1 的可能不支持西家持有♡A，你从明手出♡2。在西家续攻♡J 时，你继续从明手出小，让南家手中将吃。清光外面的将牌后，你出♣A 并将吃一次梅花。

第二次红心将吃没能将下东家的 A，但消去打法已能确保定约安全无忧。你让明手将吃你的最后一张梅花，达到如下终局：

	♠Q 10 ♡K ♢K 6 2 ♣—	
♠— ♡10 ♢Q 10 4 ♣K J	N W E S	♠— ♡A ♢A J 8 7 ♣Q
	♠K J 6 ♡— ♢9 5 3 ♣—	

现在你出♡K，东家用A盖上而你垫掉手中一个方块输墩(输墩垫输墩打法)。东家没有好的回攻——如果他出梅花,将送给你一个将吃垫牌,你可以让明手将吃并再次垫掉手中一个方块输墩;东家的另一个选择是首先动方块,这将使你的K成为一个赢墩。无论东家选择如何脱手,你都只输两墩红心和一墩方块,刚好完成定约。

输墩垫输墩是消去打法的一种变形，这是在需要投入某一特定防守人时最常用的方法之一。在这里你知晓东家必须盖上♡K，由于他的回牌将不得不送给你一个赢墩，你非常乐意给他一墩红心来换取一个潜在的方块赢墩。

最后,让我们回到第一墩牌。没有经验的牌手可能会从明手出♡K,至少从三个方面来看这是错误的。首先,没有什么现实的可能支持K能赢得这一墩牌;第二,这里存在机会能够将吃下东家的♡A,从而树立起K;第三就是你也许在后期能够利用♡K,作为投出张——这正是这副牌中所发生的情况。如果你在第一墩就浪费掉♡K,东家就将打掉他的♡A,并让你将吃第二轮红心。你将无法在第四轮红心上迫使东家进手。西家将用♡J赢进,并得意洋洋地转攻◇Q。

解答10

	♠K 10 8 7 4 ♡A K 9 ◇A 4 2 ♣6 3		
♠5 ♡8 6 ◇K J 8 5 3 ♣K Q J 10 5	N W E S	♠9 6 ♡J 10 5 2 ◇10 7 ♣9 8 7 4 2	
	♠A Q J 3 2 ♡Q 7 4 3 ◇Q 9 6 ♣A		

西	北	东	南
			1♠
2NT*	3◇*	不叫	4♣
不叫	4◇	不叫	4♠
不叫	6♠	全不叫	

西家用非寻常无将参与叫牌,显示两门低花有长度,希望能够干扰你们的叫牌。北家的3◇表示至少加叫到3♠的实力,你们很快叫到了小满贯。西家首攻♣K,你用单A赢进。在方块中有两个潜在输墩,并且从西家的2NT争叫中你知道◇K多半在◇Q的后面。你有何对策?

也许你很难相信,但答案就是消去打法。你清两轮将牌,将吃明手的最后一张梅花,消去这门花色;接下来你连打三轮红心顶张大牌,正如叫牌所预示的一样,这门花色不是3-3分布,于是你让明手将吃第四轮。现在红心和梅花都已经消去,还剩下这些牌张:

西	北 / 南	东
	♠K 10 ♡— ◇A 4 2 ♣—	
♠— ♡— ◇K J 8 ♣Q J	N W E S	♠— ♡— ◇10 7 ♣9 8 7
	♠J 3 ♡— ◇Q 9 6 ♣—	

处理方块套的时候到了。你出◇2,准备盖上东家的牌张。如果他出◇7,你就出◇9。西家将用◇J赢进,但随后将不得不从◇K中引牌,或是送给你一个将吃垫牌。如果东家出◇10(很好的防守——在西家的方块是由K-J-9领队时,将击宕定约),你就用◇Q盖上。西家将用◇K赢进,但随后将不得不从◇J中引牌,进入你分离的A-9嵌张。

解答11

	♠8 6 2 ♡K J 10 7 ◇A 8 7 ♣K 4 2	
♠J 4 3 ♡9 8 4 ◇Q 5 4 ♣Q J 10 3	N W E S	♠Q 10 9 5 ♡3 ◇10 9 6 2 ♣A 9 8 6
	♠A K 7 ♡A Q 6 5 2 ◇K J 3 ♣7 5	

西	北	东	南
			1♡
不叫	3♡	不叫	4♡
全不叫			

防守你的红心成局定约，西家首攻♣Q。由于很难想象西家持有♣A，你应该从明手出小，不仅在第一轮而且在西家续攻♣J时也同样如此（如果西家持有♣QJ10×××，东家的A就会在第二轮跟出，从而建立起明手的K）。你将吃第三轮梅花，并清三轮将牌。现在怎么办？

你有一个无法避免的黑桃输墩，因此必须避免在方块中再输一墩牌。用◇J直接飞牌有50%的机会实现这一目标。采用消去打法的路线，你可以给自己增加一些额外的机会。你自己先不动方块，而是打黑桃A、K和第三轮黑桃。如果西家赢进了第三轮黑桃，无论他是别无选择还是粗心地忘记从Q-×-×或Q-J-×-×中进行解封，他将被投入——要么出方块进入你的间张，要么送给你一个将吃垫牌。

当牌张如下图一样分布时，东家将赢进第三轮黑桃。这对你有什么帮助吗？是的，的确如此。东家将面临如下终局：

	北	
	♠— ♡J ◇A 8 7 ♣—	
西 ♠— ♡— ◇Q 5 4 ♣10	N W E S	东 ♠10 ♡— ◇10 9 6 ♣—
	♠— ♡6 ◇K J 3 ♣—	

由于用黑桃脱手将送给你一个将吃垫牌，东家必须出方块。如果他出◇6,你不需要现在就出◇J赌运气(你总是可以在第二轮进行飞牌),相反你应该手上放小。当牌张分布如上图所示时，西家将不得不出◇Q以阻止明手很便宜地赢进这一墩牌。如果东家出◇10(或◇9),这张牌将依次被J、Q和A盖吃。现在北家的◇87将能够成功地飞掉东家剩下的◇9(或◇10)。

通过这样一条做庄路线,你能够大大提高机会。不仅在东家持有◇Q时能够成功,而且在他同时持有◇10和◇9时也能成功。

解答 12

♠A 10 8 4 3
♡6 3
◇K 6 2
♣K Q 8

西		东
♠5 2	N W E S	♠9 7
♡K J 10 4 2		♡9 8 7 5
◇Q 9 5 3		◇10 8 7
♣5 2		♣J 9 7 4

♠K Q J 6
♡A Q
◇A J 4
♣A 10 6 3

西	北	东	南
			2NT
不叫	3♡*	不叫	4♠*
不叫	4NT	不叫	5♣*
不叫	5◇*	不叫	6♠*
全不叫			

持有一手黑桃非常配合的强牌，你进行了超转。北家接着使用黑木问叫询问罗马关键张，你表示持有四个关键张(使用 1430 的回答方式)。西家首攻将牌对抗最终的黑桃小满贯。你在黑花色中没有输墩，并在两门红花色中都可以进行飞牌。机会在哪里?

也许梅花套能为你提供帮助。如果你能取得四墩梅花，你就能够从明手垫掉一张红花色，并且将吃掉这门花色中的潜在输墩。你赢进将牌首攻并清第二轮将，在你打梅花 K 和 Q 时，两位防家都跟出了梅花，接着你从明手引出第三轮梅花。当东家跟出♣9 时，你应该怎样做? 你是应该用♣10 飞过，还是应该上♣A 希望西家的♣J 能够跌落?

这是你引出第三轮梅花时的局势:

	♠10 8 4 ♡6 3 ◇K 6 2 ♣8	
♠— ♡K J 10 4 2 ◇Q 9 5 3 ♣—	N W E S	♠— ♡9 8 7 5 ◇10 8 7 ♣J 9
	♠Q J ♡A Q ◇A J 4 ♣A 10	

用♣10飞牌,而不是选择出大牌击落,你将能够确保自己完成这个满贯！如果飞牌成功,你可以用♣A垫掉一张红花色的牌。如果飞牌飞丢给了原本的♣J××，西家将不得不选择出一门红花色,帮你解决这门花色的输墩;而你在另一门红花色中的潜在输墩则可以垫在♣A下。

假设东家在第三轮梅花时示缺，你就用♣A赢进，并出♣10投入给西家,同时从明手垫掉一张红心(或方块)。同样的,西家的回攻将让你完成满贯。

习题13

♠K J 9 5 4
♡A 9 3
◇A K
♣A K 8

首攻♡2

♠A Q 10 2
♡6 5 4
◇Q J 2
♣7 5 3

西	北	东	南
		2♡*	不叫
不叫	加倍	不叫	3♠
不叫	6♠	全不叫	

首攻红心，你准备如何完成你的小满贯定约？(将牌是 3-1 分布。)

习题 14

♠K Q 10 3
♡A J 7
◇K 10 2
♣K Q 8

首攻♣J

♠A 8 7 5
♡K 8 6
◇A J 7
♣A 6 5

西	北	东	南
			1NT
不叫	2♣	不叫	2♠
不叫	6♠	全不叫	

西家首攻♣J,你准备如何完成定约?(将牌是 3-2 分布。)

习题15

♠6 5 4 2
♡J 2
◇7 5 4 2
♣9 5 2

首攻♡K

♠A K 9 8 7
♡A
◇A K J 6
♣A K 3

西	北	东	南
			2♣
不叫	2◇	不叫	2♠
不叫	2NT	不叫	3◇
不叫	3♠	不叫	4♣
不叫	4♠	全不叫	

北家成功地压制了你想要试探满贯的野心！当你发现东家持有三张将牌时，你准备如何完成定约？

习题16

	♠K 7 ♡K 6 5 ♢A 5 4 3 ♣A J 5 3
首攻♠10	
	♠A Q ♡A Q J 10 7 3 ♢K 9 7 2 ♣6

西	北	东	南
			1♡
不叫	2♣	不叫	3♡
不叫	4NT	不叫	5♠*
不叫	6♡	全不叫	

如何规划做庄路线能够使你有最佳机会取得十二墩牌？

解答 13

	♠K J 9 5 4 ♡A 9 3 ◇A K ♣A K 8	
♠8 7 6 ♡2 ◇9 7 4 3 ♣J 10 9 4 2	N W E S	♠3 ♡K Q J 10 8 7 ◇10 8 6 5 ♣Q 6
	♠A Q 10 2 ♡6 5 4 ◇Q J 2 ♣7 5 3	

西	北	东	南
		2♡*	不叫
不叫	加倍	不叫	3♠
不叫	6♠	全不叫	

防守你的黑桃小满贯,西家首攻♡2。你用明手的 A 赢进,发现定约的前景黯淡。难道就没有任何机会了吗?有。东家的弱二开叫加上西家首攻的 2,告诉你红心是 6-1 分布。如果你能消去方块,并迫使西家赢进第三轮梅花的话,他将不得不送给你一个将吃垫牌。

在赢进红心首攻后,你清两轮将牌,东家第二轮示缺。由于方块套是堵塞的,你必须暂时停止调将。你兑现明手的◇AK 之后再清第三轮将牌回到手上。你接着出◇Q, 从明手垫掉一个红心输张,随后兑现梅花 A 和 K。幸运之神与你同在! 东家原始只有两张梅花。你面对如下局势:

	北	
	♠9 5 ♡9 ◇— ♣8	
♠— ♡— ◇9 ♣J 10 9	N W E S	♠— ♡Q J 10 ◇10 ♣—
	♠10 ♡6 5 ◇— ♣7	

当你用第三轮梅花脱手时,西家不得不赢进这一墩。他被迫送给你一个将吃垫牌,让你垫掉明手的最后一张红心,并在南家将吃。剩下的赢墩都是你的。

这是一个被称为部分消去打法的牌例。这是什么意思呢?就是说至少有一门花色,如本例中的红心,没有完全从两位防守人手中消去。你消去了西家的红心,而他被投入时,因此仍能取得成功。

解答14

	♠K Q 10 3 ♡A J 7 ◇K 10 2 ♣K Q 8		
♠J 6 4 ♡10 4 3 ◇Q 3 ♣J 10 9 4 3	N W E S	♠9 2 ♡Q 9 5 2 ◇9 8 6 5 4 ♣7 2	
	♠A 8 7 5 ♡K 8 6 ◇A J 7 ♣A 6 5		

西	北	东	南
			1NT
不叫	2♣	不叫	2♠
不叫	6♠	全不叫	

防守你的黑桃小满贯，西家首攻♣J。你用明手的K赢进并开始调将，高兴地发现将牌是3-2分布。现在如何继续？

这一牌例原始的庄家做宕了定约。他在红心飞牌失败后，必须要猜对哪一防守人持有◇Q才能完成定约。他对牌型的计算相当好，当东家在第三轮梅花上示缺时，他知道东家至少持有5张未见的方块。鉴于此，他很有可能持有缺失的◇Q，庄家兑现◇K并用◇J进行飞牌。非常不幸！方块飞牌失败，满贯宕一。

根本不需要依靠方块上的猜断。在清光将牌后，庄家应该消去梅花，兑现红心A和K——拒绝飞牌。还剩下这些牌张：

	North	
	♠10 ♡J ◇K 10 2 ♣—	
West ♠— ♡10 ◇Q 3 ♣10 9	N W E S	**East** ♠— ♡Q 9 ◇9 8 6 ♣—
	♠8 ♡8 ◇A J 7 ♣—	

现在只需要用红心脱手,定约就确保无忧。无论是哪个防守人赢进这一墩牌都毫无差别。他将不得不先动方块套,让庄家能够取得三个方块赢墩;或是送出一个将吃垫牌。

明手的♡J迷惑了原始的庄家。如果换成一张小红心,他可能就能看到消去打法的绝对优势了。

解答15

	♠6 5 4 2 ♡J 2 ◇7 5 4 2 ♣9 5 2	
♠J ♡K Q 10 8 6 ◇Q 10 9 8 ♣10 8 4	N W E S	♠Q 10 3 ♡9 7 5 4 3 ◇3 ♣Q J 7 6
	♠A K 9 8 7 ♡A ◇A K J 6 ♣A K 3	

西	北	东	南
			2♣
不叫	2◇	不叫	2♠
不叫	2NT	不叫	3◇
不叫	3♠	不叫	4♣
不叫	4♠	全不叫	

防守你的黑桃成局定约,西家首攻♡K。你用A赢进后清两轮将牌,发现东家有一个将牌赢墩。完成定约并不需要依靠方块的有利分布。只兑现一轮方块大牌后,出梅花A、K和第三轮梅花脱手。东家将赢进第三轮梅花,并兑现将牌Q。定约已安全无忧。如果东家接下来出方块,你就用J飞牌,知道如果飞牌失败则这门花色是3-2分布;如果飞牌成功,显然你就已经有了第十墩牌。

既然不能出方块,东家实际上不得不回攻第二轮红心,帮你消去这门花色。在红心和梅花都被消去后,这是剩下的终局:

	♠6 ♡— ◇7 5 4 ♣—	
♠— ♡Q ◇Q 10 9 ♣—	N W E S	♠— ♡9 7 5 ◇— ♣Q
	♠9 ♡— ◇K J 6 ♣—	

现在你只需简单地从手中出一张小方块。在实际分布下，西家将赢进这一墩，然后不得不回攻方块进入你的 K-J 间张(或是出红心，送给你一个将吃垫牌)。如果是东家原始持有四张方块，效果是一样的。西家将示缺，东家将赢进第二轮方块。随后他不得不从方块 Q 中引牌，让 J 进行标明的飞牌，或是送出一个将吃垫牌。

早期兑现一轮方块大牌是最关键的一招。否则当东家被投入时，他将可以用单张方块脱手；在你随后忍让第二轮方块时，西家还留有红心这一安全脱手张。

解答16

	♠K 7 ♡K 6 5 ◇A 5 4 3 ♣A J 5 3	
♠10 9 8 ♡9 2 ◇Q 10 8 6 ♣Q 9 8 4	N W E S	♠J 6 5 4 3 2 ♡8 4 ◇J ♣K 10 7 2
	♠A Q ♡A Q J 10 7 3 ◇K 9 7 2 ♣6	

西	北	东	南
			1♡
不叫	2♣	不叫	3♡
不叫	4NT	不叫	5♠*
不叫	6♡	全不叫	

对罗马关键张问叫你的5♠回答表示持有两个关键张（在这里是两门高花A)和将牌Q。西家首攻♠10对抗你的红心小满贯。从长将牌的一手(南家)计算输墩,你发现方块是问题花色。如果这门花色不是3-2分布,你就存在两个潜在输墩。

假设将牌是2-2分布,做庄计划将是消去黑花色、并用小方块脱手,希望投入持有单张方块的防守人。由于你需要大量的进张进入明手来将吃剥光梅花,你用手中的A赢进黑桃首攻。你出梅花到A并将吃一次梅花。当你接下来兑现将牌A和K时,阳光灿烂——将牌真的是2-2分布。你再将吃一次梅花,用♠K回到明手,将吃明手的最后一张梅花。

两门黑花色都被消去了。现在该南家出牌,还剩下这些牌张:

	♠— ♡6 ◇A 5 4 3 ♣—	
♠9 ♡— ◇Q 10 8 6 ♣—	N W E S	♠J 6 5 4 ♡— ◇J ♣—
	♠— ♡Q ◇K 9 7 2 ♣—	

你从手中出◇**2**,并让明手放小。如果东家用单张◇**J**赢得这一墩,他将不得不送给你一个将吃垫牌,让你能够处理掉你的最后一个方块输墩。西家要想避免他的同伴遭到投入,只有上◇**Q**这一个办法。但这对他们没有好处,因为随后他将不得不从◇**10**中引牌,进入你的**K-9**间张。

如果是西家原始持有单张方块大牌,局势也完全相同。最后的终局如下:

	♠— ♡6 ◇A 5 4 3 ♣—	
♠9 8 ♡— ◇J ♣K 10	N W E S	♠J ♡— ◇Q 10 8 6 ♣—
	♠— ♡Q ◇K 9 7 2 ♣—	

你出小方块,西家出**J**。和前面一样,你让明手忍让。如果**J**赢进了这一墩,西家将不得不送出一个将吃垫牌;如果东家用◇**Q**盖打,在他续攻方块时,你的◇**9**将飞牌成功。

习题17

♠A 5
♡K Q 8 7 6 4
◇K Q 6
♣4 2

首攻♡2

♠Q 4
♡A J 10 3
◇A 7 5 2
♣A Q 7

西	北	东	南
			1NT
不叫	2◇*	不叫	3♡*
不叫	4NT	不叫	5◇*
不叫	6♡	全不叫	

在将牌首攻后，你计划如何做庄？

习题 18

	♠A 9 4 ♡Q J 9 2 ♢Q 10 5 2 ♣4 2	
首攻♣K	N W E S	
	♠K 2 ♡A K 10 7 5 ♢A J 6 3 ♣A 6	

西	北	东	南
			1♡
不叫	3♡	不叫	6♡
全不叫			

毫无多余动作，你直接叫到了 6♡。西家首攻♣K，你准备如何完成定约？

习题19

♠10 9 8 5
♡9 3
◇J 9 2
♣9 5 3 2

首攻♡Q

♠A K Q J 4 2
♡4
◇A K
♣A Q 7 6

西	北	东	南
		2♡*	加倍
4♡	不叫	不叫	4♠
全不叫			

防守你的黑桃成局定约，西家首攻♡Q。东家用♡K 盖打，并转攻♣8。你准备如何完成这一黑桃成局？

习题 20

	♠A J 2 ♡A Q 9 3 ◇K 3 2 ♣K 8 2
首攻♠10	N W E S
	♠K Q 3 ♡8 6 5 2 ◇A J 5 ♣A Q 5

西	北	东	南
			1NT
不叫	2♣	不叫	2♡
不叫	6♡	全不叫	

西家首攻♠10，你准备如何完成这一红心小满贯？

解答 17

♠A 5
♡K Q 8 7 6 4
◇K Q 6
♣4 2

♠K 9 7 6
♡9 5 2
◇9 3
♣K J 6 5

♠J 10 8 3 2
♡—
◇J 10 8 4
♣10 9 8 3

♠Q 4
♡A J 10 3
◇A 7 5 2
♣A Q 7

西	北	东	南
			1NT
不叫	2◇*	不叫	3♡*
不叫	4NT	不叫	5◇*
不叫	6♡	全不叫	

由于是 1NT 的高限，且持有四张红心、有将吃价值，因此你决定进行超转。同伴得到充分鼓励，通过罗马关键张问叫后叫到小满贯。

西家首攻将牌对抗你的 6♡，东家垫了一张黑桃。在赢进首攻、又清两轮将牌后，你开始打方块套。方块 3-3 分布将使你能够垫掉明手一张黑桃。很不幸，桥牌之神今天没有眷顾你，东家在这门花色中持有四张。接下来怎么办？

如果你用♣Q 进行飞牌，只有 50%的机会完成定约。更好的路线是将吃掉你的最后一张方块，为投入做好准备。还剩下这些牌张：

	♠A 5 ♡8 7 ◇— ♣4 2	
♠K 9 7 ♡— ◇— ♣K J 6	N W E S	♠J 10 8 ♡— ◇— ♣10 9 8
	♠Q 4 ♡J ◇— ♣A Q 7	

现在你出黑桃 A 和第二轮黑桃。如果西家持有♠K,正如上图所示,他将遭到投入。在♣K 不对位的情况下,你仍然完成满贯定约。

如果东家持有♠K,也没有任何损失,你仍然能够进行梅花飞牌。你不需要进入明手来飞牌,当东家用♠K 赢进,他将必须为你出一次梅花(或者送给你一个将吃垫牌)。

通过这样的打法,你只需要有一个黑 K 位置有利即可。在方块分布不利后,你把自己剩余的成功机会从 50%提高到了 74%。

解答 18

	North	
	♠A 9 4 ♡Q J 9 2 ◇Q 10 5 2 ♣4 2	
♠Q 10 8 6 ♡8 4 3 ◇8 ♣K Q J 8 5	N W E S	♠J 7 5 3 ♡6 ◇K 9 7 4 ♣10 9 7 3
	♠K 2 ♡A K 10 7 5 ◇A J 6 3 ♣A 6	

西	北	东	南
			1♡
不叫	3♡	不叫	6♡
全不叫			

对 6♡ 的首攻是♣K，你非常焦急地期待看到明手的牌，希望你大胆叫进的满贯能够有一些机会。摊下来的一手对于跳加叫来说是低限牌（我们喜欢加叫 3♡，但很多牌手可能只愿意叫 2♡）。

这一满贯有些什么机会呢？由于有一个不可避免的梅花输墩，你需要◇K 位置有利。这就是问题的全部了吗？当然不是，因为一旦方块是 4-1 分布，即使◇K 对位，你仍然在第四轮方块上存在一个潜在输墩。

通过消去打法，你能够在方块 4-1 分布时提高定约成功的机会。用 A 赢进梅花首攻，然后清三轮将牌，停在明手。随后你出◇Q，依次被 K、A 盖吃，西家跌落◇8——不好的兆头。接下来你出黑桃 K、A，将吃一次黑桃。在黑桃被消去后，终局如下：

	♠— ♡J ◇10 5 2 ♣4	
♠Q ♡— ◇— ♣Q J 8 5	N W E S	♠— ♡— ◇9 7 4 ♣10 9
	♠— ♡10 ◇J 6 3 ♣6	

你用梅花脱手，并不在意是哪个防守人赢进。如果是西家赢进，他将不得不送出一个将吃垫牌，使你能够垫掉你的第四轮方块输张；如果是东家赢进并用◇**4**脱手，你就用◇**6**盖上，并赢得这一墩牌；如果是东家赢进并用◇**7**或◇**9**脱手，你就用明手的◇**10**赢进，并在下一轮用◇**6**进行标明的飞牌。

请注意第一轮方块出◇**Q**(或◇**10**)是至关重要的。如果相反你是出小到**J**，击落了西家的◇**8**，防守方就能够打败你。东家将赢进梅花，并在如下终局中出小方块脱手：

	♠— ♡J ◇Q 10 5 ♣—	
♠Q ♡— ◇— ♣Q J 8	N W E S	♠— ♡— ◇K 9 7 ♣9
	♠— ♡10 ◇A 6 3 ♣—	

你用◇**10**赢进他的◇**7**，但是，东家还能取得一墩方块。

解答 19

	♠10 9 8 5 ♡9 3 ♢J 9 2 ♣9 5 3 2	
♠7 ♡Q J 10 5 ♢10 8 6 5 ♣K J 10 4	N W E S	♠6 3 ♡A K 8 7 6 2 ♢Q 7 4 3 ♣8
	♠A K Q J 4 2 ♡4 ♢A K ♣A Q 7 6	

西	北	东	南
		2♡*	加倍
4♡	不叫	不叫	4♠
全不叫			

在第二轮叫牌时你满足于成局定约，祈祷明手不要摊下♣K。西家首攻♡Q，当明手摊下牌后，你知道你的祈祷得到了回应。实际上同伴的牌实在太弱了，即便是局也并非铁牌。

东家用♡K 盖打♡Q，并转攻♣8。由于东家开叫弱二，并已经显示持有♡A-K，他不太可能再持有♣K。即便是没有这一线索，此时就冒险用♣Q 飞牌也是极差的打法。你上♣A，并用 A 和 10 清两轮将牌。现在怎么办？

如果东家的♣8 是单张，你就有丢三墩梅花定约宕一的危险。你能从这样的梅花分布中脱险的求助对象是……(你能猜到吗？)消去打法。当第二轮将牌进入明手后，你大将吃剩下的红心，消去这门花色。你兑现两轮方块顶张，调第三轮将进入明手来将吃♢J。在两门红花色都被清除出战场后，终局是：

	♠8 5 ♡— ◇— ♣9 5 3	
♠— ♡J ◇10 ♣K J 10	N W E S	♠— ♡A 8 7 6 ◇7 ♣—
	♠Q J ♡— ◇— ♣Q 7 6	

你从手中出一张小梅花脱手，西家赢进这一墩，东家示缺。西家已无牌可回。续出梅花将使你的♣Q成为赢墩，而任意一门红花色的回牌都将送给你将吃垫牌。

解答 20

北：
♠A J 2
♡A Q 9 3
◇K 3 2
♣K 8 2

西：
♠10 9 8 6
♡K J 4
◇Q 9 8 7
♣9 6

东：
♠7 5 4
♡10 7
◇10 6 4
♣J 10 7 4 3

南：
♠K Q 3
♡8 6 5 2
◇A J 5
♣A Q 5

西	北	东	南
			1NT
不叫	2♣	不叫	2♡
不叫	6♡	全不叫	

持有 **4-3-3-3** 牌型，北家或许应拒绝使用斯台曼问叫；同样的，对于你这手绝对均型牌以及 **8** 领队的红心套，你也应选择回答没有四张高花套。但这都是已经发生的事情了。防守你的红心小满贯，西家首攻♠**10**。尽管联手持有 **33** 大牌点，这仍然是一个很糟糕的满贯定约。就算你成功将将牌花色限制为只有一个输墩，你在方块套中仍然存在一个潜在输墩。

单独只看将牌花色的结构，如果你想只有一个输墩，应该在第一轮用 **9** 飞牌——在西家持有 **J10×**时获益。在这里却不是一个好主意，因为在西家持有带 **K** 的任意三张红心时，你都可以利用这门花色在第三轮投入给他，从而避免方块飞牌。

你赢进黑桃首攻，用♡**Q** 飞牌成功。在轻轻松了一口气后，你兑现将牌 **A** 并发现这门花色是 **3-2** 分布。在用将牌投出前，你需要剥光两门黑花色。你应该先动哪一门呢？假设你先打三轮梅花。西家会将吃第三轮，并安全地用黑桃脱手，击宕定约。西家的♠**10**

首攻多半是出自连接张，这样就意味着他更可能在这门花色中有长度，而梅花可能是短套。因此，你应该先兑现两轮黑桃。当你继续兑现三轮梅花时，你不在意西家在这门花色中只有双张。如果他将吃了第三轮，他将被投入。如果他拒绝将吃，剩下这些牌张：

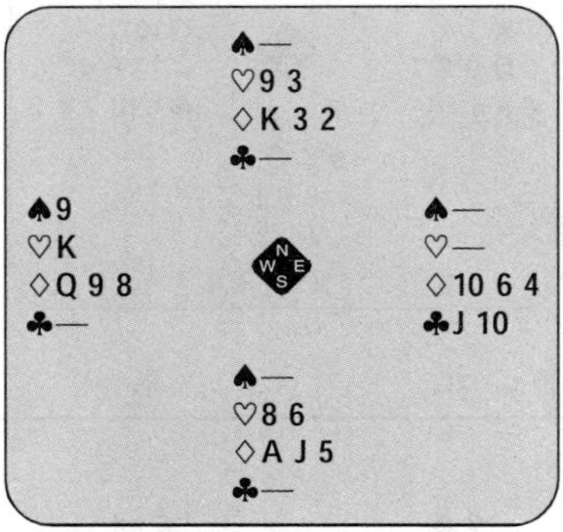

你用将牌投入给西家，迫使他回方块进入你的间张或送给你将吃垫牌。

这是一个富有教育意义的牌例——在一门花色选择次优打法(本例中的将牌)，从而使你得以避免在另一门花色(方块)中的输墩。

习题21

♠5 2
♡A K J 6 2
◇A 6 4
♣A 7 4

首攻♣J

♠A Q 3
♡Q 9 5 4
◇K J 8 3
♣K 6

西	北	东	南
			1NT
不叫	2◇*	不叫	2♡
不叫	4NT	不叫	6♡
全不叫			

防守你的红心小满贯,西家首攻♣J。你如何计划做庄来取得十二墩牌?(将牌是2-2分布。)

习题22

	♠A Q J ♡A K 7 3 ◇Q 9 ♣8 6 4 3
首攻◇K	N W E S
	♠9 8 3 ♡Q J 8 5 4 ◇7 4 ♣A Q 9

西	北	东	南
1◇	加倍	不叫	2♡
不叫	3♡	不叫	4♡
全不叫			

西家兑现◇AK后转攻♠4。你用♠Q飞牌成功后，兑现♡A，西家示缺。现在怎么办？

习题23

♠K Q 10 8 3
♡A 10
◇K Q J
♣A 10 4

首攻◇K

♠A J 9 7 5
♡6 5
◇A 8 3
♣K 7 3

西	北	东	南
			1♠
2♡	3♡	不叫	3♠
不叫	4NT	不叫	5♡*
不叫	6♠	全不叫	

防守你的小满贯定约,西家首攻♡K。你计划如何做庄?(你会发现西家持有一张将牌和两张方块。)

习题 24

♠J 9 5 4
♡Q 7 4 2
◇6
♣A K 6 4

首攻♡5

♠A K Q 6
♡A K 3
◇A Q
♣J 8 5 3

西	北	东	南
			2♣
不叫	2◇	不叫	2NT
不叫	3♣	不叫	3♠
不叫	6♠	全不叫	

你用♡A 赢进首攻,并清三轮将牌。西家在第二轮红心上示缺。你准备如何继续?

解答21

♠5 2
♡A K J 6 2
♢A 6 4
♣A 7 4

♠K 10 7
♡7 3
♢Q 10 7 2
♣J 10 8 2

♠J 9 8 6 4
♡10 8
♢9 5
♣Q 9 5 3

♠A Q 3
♡Q 9 5 4
♢K J 8 3
♣K 6

西	北	东	南
			1NT
不叫	2♢*	不叫	2♡
不叫	4NT	不叫	6♡
全不叫			

北家在进行转移叫后,继续叫出限制性的不逼叫4NT。由于你有四张红心支持和将吃价值,你直接叫到6♡。西家首攻♣J,你用K赢进并两轮清光敌方将牌。这手牌有两个"问题花色",黑桃和方块。你能找出在任何分布下都能完成定约的路线吗?

你用♣A进入明手,将吃明手的最后一张梅花,消去这门花色。接着你用♢A回到明手,还剩下这些牌张:

♠5 2
♡J 6 2
♢6 4
♣—

♠K 10 7
♡—
♢Q 10 7
♣10

♠J 9 8 6 4
♡—
♢9
♣Q

♠A Q 3
♡Q
♢K J 8
♣—

接下来怎么办？你从明手出小方块，盖过东家出的牌张。在这里他会出◇9，而你则用◇J盖过。西家用Q赢进，但他已经被投入了。如果他出方块进入你的◇K-8间张，你将能够垫掉明手的一张黑桃，并接着将吃你手中的两个黑桃输墩；如果他出黑桃进入你的♠A-Q间张，你就将吃一个黑桃和一个方块。西家还剩下最后一个选择，就是出他的最后一张梅花。你可以从明手垫掉一张黑桃而南家手中将吃，现在明手就能够将吃掉剩下的三个输墩了。

假设你的方块套变差了一些：

	◇A 6 4	
◇Q 10 9 2	N W E S	◇8 5
	◇K J 7 3	

你出◇3到A，防守方跟出◇2和◇5。当你从明手出◇4时，东家跟出◇8。如果你仔细观察了方块的小号码，你就会发现◇8已经是外面最小的牌张。现在，你从手中出◇7！西家不得不盖吃并像前面一样遭到投入。西家在第一轮出◇9或◇10也不能摆脱这一悲惨命运，你用明手的A赢进后，可以在第二轮用J盖上东家的◇8。西家被投入后只能对着◇K-7间张干瞪眼。

解答 22

北：
♠A Q J
♡A K 7 3
◇Q 9
♣8 6 4 3

西：
♠K 7 6 4
♡—
◇A K 10 6 2
♣K 10 5 2

东：
♠10 5 2
♡10 9 6 2
◇J 8 5 3
♣J 7

南：
♠9 8 3
♡Q J 8 5 4
◇7 4
♣A Q 9

西	北	东	南
1◇	加倍	不叫	2♡
不叫	3♡	不叫	4♡
全不叫			

防守你的红心成局定约，西家首攻方块 K 和 A。在他转攻小黑桃后，你用明手的 Q 飞牌成功。这看起来就是一个最简单的消去打法（消去黑桃和方块，然后出梅花到 9），但是当你兑现将牌 A 时，西家告缺。现在怎么办？

如果你连续清四轮将牌，消去打法将不再存在（由于明手已没有将牌，西家可以用黑桃或方块安全脱手）。你必须将目标锁定在“部分消去”上，即仅仅剥光一位防守方的将牌花色。你从明手出第二轮将牌，用手中的 J 盖吃东家的 9。接着你再飞一次黑桃，并兑现♠A，达到如下终局：

	♠— ♡K 7 ◇— ♣8 6 4 3	
♠K ♡— ◇10 6 ♣K 10 5 2	N W E S	♠— ♡10 6 ◇J 8 ♣J 7
	♠— ♡Q 8 5 ◇— ♣A Q 9	

外面还有两张将牌，你出梅花到9。西家用10赢进，但已没有安全的回牌。由于出梅花会进入你的A-Q间张，西家能够做出的最好防守就是回攻黑桃，故意送给你一个将吃垫牌。现在你必须非常仔细——如果你让明手用♡7将吃，会被♡10和♡Q接连超将，你还有一个梅花输墩。因此你必须让明手用♡K将吃，手中垫掉♣Q。现在你可以出一张将牌到8，并用Q调出东家的最后一张将牌，摊牌成约。

解答 23

♠K Q 10 8 3
♡A 10
◇K Q J
♣A 10 4

西：
♠4
♡K Q J 8 4 2
◇6 4
♣Q J 5 2

东：
♠6 2
♡9 7 3
◇10 9 7 5 2
♣9 8 6

南：
♠A J 9 7 5
♡6 5
◇A 8 3
♣K 7 3

西	北	东	南
			1♠
2♡	3♡	不叫	3♠
不叫	4NT	不叫	5♡*
不叫	6♠	全不叫	

防守你的黑桃小满贯，西家首攻♡K。由于两手牌都是5-2-3-3-牌型，完全对死，满贯非常糟糕。一种可能性是西家只有两张梅花。你就能消去方块花色，兑现两轮梅花顶张，并出红心投入给他。这将迫使他不得不送给你一个将吃垫牌。

你准备着手实施这一计划，但当你兑现两轮将牌及三轮方块时，西家在这两门花色中只跟出了三张。鉴于西家如果持有八张红心套，他一定会豪不犹豫地做出比2♡更高的叫牌，因此他不太可能只有两张梅花。还有任何其他机会吗？

如果西家同时持有梅花Q和J，他被红心投入时，将无法安全用梅花脱手。这是你目前面对的局势：

	♠Q 10 8 ♡10 ◇— ♣A 10 4	
♠— ♡Q J 8 ◇— ♣Q J 5 2	N W E S	♠— ♡9 7 ◇10 9 ♣9 8 6
	♠J 9 7 ♡6 ◇— ♣K 7 3	

梅花套一轮未出，你用♡**10**脱手。西家不得不赢进，遭到投入。他要么打出第三轮红心，送出一个将吃垫牌；要么必须先动梅花套。如果他想试试运气出一张小梅花，你就让明手上♣**10**，直接赢得这一墩牌。如果西家用梅花大牌脱手，希望你在持有♣**K9×**时猜错，你就用♣**K**赢进并用明手的♣**10**进行飞牌完成定约。

当已经暴露出的证据告诉你原始做庄路线已经不可能成功时，要及时调整做庄计划——这副牌就是一个很好的例子。

解答 24

	♠J 9 5 4 ♡Q 7 4 2 ◇6 ♣A K 6 4	
♠7 2 ♡5 ◇K 10 7 4 3 2 ♣Q 10 9 7	N W E S	♠10 8 3 ♡J 10 9 8 6 ◇J 9 8 5 ♣2
	♠A K Q 6 ♡A K 3 ◇A Q ♣J 8 5 3	

西	北	东	南
			2♣
不叫	2◇	不叫	2NT
不叫	3♣	不叫	3♠
不叫	6♠	全不叫	

防守你的黑桃小满贯，西家首攻♡5。你用 A 赢进东家的♡8，清三轮将牌。当你兑现红心 K 时，发现首攻是单张，因此这门花色不能帮你垫牌。如果梅花是 3-2 分布、或者单张♣Q 被击落、或是东家持有♣Q×××，一切仍没问题。假如梅花分布非常不利，即西家持有 Q 领队的四张以上梅花，你有什么办法吗?

你无法消去方块套(兑现 A 并在第二轮将吃 Q)，因为这将使明手没有将牌。在这种情况下如果你投入西家，他将可以用方块安全脱手。所以，不要动方块套。下面是你面对的局势：

	♠J ♡Q 7 ◇6 ♣A K 6 4	
♠— ♡— ◇K 10 7 4 ♣Q 10 9 7	N W E S	♠— ♡J 10 9 ◇J 9 8 5 ♣2
	♠6 ♡3 ◇A Q ♣J 8 5 3	

在目前牌局的早期，你就出梅花 **A** 和另一张小梅花。如果东家两轮都跟出，定约就安全了——无论他是用 **Q** 赢进，还是你用 **J** 盖过他出的牌张、且只会在这门花色 **3-2** 分布时输给西家的 **Q**。在实际的牌张分布中，东家将示缺，你从南家放小。西家用♣**9** 赢进，然后将必须选择一门低花回攻。方块将进入你的 **A-Q** 间张，而梅花将进入分离的 **K-J** 嵌张。十二墩牌确保无虞。

这是部分消去打法的又一个牌例。红心花色仅仅被部分消去，西家被剥光，而东家还有。这并不会产生问题，因为西家将是计划被投入的受害者。

习题 25

♠K J 6 2
♡8 3
♢A K 6 2
♣A 8 4

首攻♢Q

♠A Q 10 7 4
♡A Q 5
♢5
♣K 7 6 2

西	北	东	南
2♡*	加倍	不叫	6♠
全不叫			

你在叫牌中充分享受了你的快乐时光——跳过所有中间环节直奔6♠。西家首攻♢Q,你准备如何完成这一小满贯?

习题 26

♠A J 10 8 5
♡A J 8
◇9 8 4
♣A 2

首攻♠6

♠K Q 7 2
♡K 6 2
◇A K
♣J 10 7 4

西	北	东	南
			1NT
不叫	2♡*	不叫	2♠
不叫	3NT	不叫	4◇
不叫	4♡	不叫	5◇
不叫	6♠	全不叫	

首攻小将牌，你准备如何完成这一小满贯？（将牌是 2-2 分布。）

习题 27

	♠K J 6 5 2 ♡5 4 ◇K 10 8 5 ♣K 6
首攻♠3	N W E S
	♠A Q 10 9 ♡A Q ◇A 9 6 ♣A J 3 2

西	北	东	南
			2NT
不叫	3♡*	不叫	4♠*
不叫	4NT	不叫	5♣*
不叫	5◇*	不叫	6♠*
全不叫			

首攻将牌，你准备如何完成这一小满贯？

习题28

	♠6 5 2 ♡A K ◇J 6 4 ♣7 6 5 3 2
首攻♣4	N W E S
	♠A Q 8 ♡7 4 ◇A K ♣A K Q J 10 8

西	北	东	南
			2♣
不叫	2NT	不叫	3♣
不叫	4♡	不叫	4♠
不叫	5♡	不叫	6♣
全不叫			

西家首攻♣4,东家第一轮跟出。你准备如何完成定约?

解答 25

北：
♠K J 6 2
♡8 3
◇A K 6 2
♣A 8 4

西：
♠9
♡K J 10 7 6 2
◇Q J 10 3
♣9 3

东：
♠8 5 3
♡9 4
◇9 8 7 4
♣Q J 10 5

南：
♠A Q 10 7 4
♡A Q 5
◇5
♣K 7 6 2

西	北	东	南
2♡*	加倍	不叫	6♠
全不叫			

即便知道你的搭档有多痛恨你直接跳到小满贯，你还是无法抵抗这种诱惑。防守你的 6♠定约，西家首攻◇Q。看起来西家在方块和红桃（由他的弱二开叫所展示）中都有长度，因此他可能持有不超过两张梅花的机会还是不错的。在这种情况下，有可能剥光他的梅花——部分消去这门花色，再接着用红心投入给他。

你赢进方块首攻，用 A 和 K 清两轮将牌，西家在第二轮示缺。在兑现第二轮方块顶张大牌，垫掉一个红心输张后，你将吃一次方块；出梅花到 A，使你能够将吃明手的最后一张方块，两位防家一直都跟出了花色。现在你能够准确的计算出西家的持牌：他原始持有 1-6-4-2 牌型。你兑现♣K，消去西家在这门花色的最后一张牌，继续兑现♡A。还剩下这些牌张：

	♠J 6 ♡8 ◇— ♣8	
♠— ♡K J 10 7 ◇— ♣—	N W E S	♠8 ♡9 ◇— ♣Q J
	♠Q ♡Q ◇— ♣7 6	

当你用♡Q 脱手时,西家用 K 赢进,并只能回出红心。你垫掉明手的最后一张梅花,用仅剩的♠Q 将吃。随后你用明手的♠6 将吃一轮梅花,♠J 将是你的第十二墩牌。当在第十三墩牌才清光敌方将时,总是很有趣!

解答 26

	♠A J 10 8 5 ♡A J 8 ♢9 8 4 ♣A 2	
♠9 6 ♡10 5 4 3 ♢J 6 5 2 ♣9 6 5	N W E S	♠4 3 ♡Q 9 7 ♢Q 10 7 3 ♣K Q 8 3
	♠K Q 7 2 ♡K 6 2 ♢A K ♣J 10 7 4	

西	北	东	南
			1NT
不叫	2♡*	不叫	2♠
不叫	3NT	不叫	4♢
不叫	4♡	不叫	5♢
不叫	6♠	全不叫	

4♢真是一个很形象的叫品！它显示了好的黑桃支持和方块控制，同时它也否认了梅花控制。又进行了两轮扣叫后，你们叫到了6♠，西家首攻♠6。从长将牌的一手(北家)来计算输墩，你能发现在红心和梅花中各有一个。由于没有任何办法避免梅花输墩，看起来你必须要用♡J进行飞牌。实际上你可以通过消去打法，给自己多一点额外机会。

赢进将牌首攻后，兑现两轮方块顶张。调第二轮将牌进入明手，看到将牌2-2分布后高兴地点头。接着将吃明手的最后一张方块，消去这门花色。由于将牌平均分布，你在南家还留有一张多余的将牌。正如我们在前面所指出的，两手都留有将牌是消去打法终局时不可或缺的要素。

接下来你出梅花到A。现在你在明手引牌，还剩下这些牌张：

	♠J 10 8 ♡A J 8 ♢— ♣2	
♠— ♡10 5 4 3 ♢J ♣9 6	N W E S	♠— ♡Q 9 7 ♢10 ♣K Q 8
	♠Q ♡K 6 2 ♢— ♣J 10 7	

现在你从明手出♣2。东家该怎么办？如果他出小，你的♣J就能赢进而你将只输一墩红心（实际上，你还可以通过对东家实施挤牌获得一个超墩）；如果东家上梅花大牌，他将遭到投入，不得不提供一个梅花赢墩或是引红心进入明手的间张。的确，东家同时持有两张缺失的梅花大牌是一种幸运，但兼顾这一额外机会毫无损失。

在东家持有双张带大的梅花时，你同样可以获益。他无法承受在A下面解封他的大牌，因为如果这样做你就可以用你的♣J10建立起一个赢墩；同理，西家也不能承受在第二轮盖吃同伴的双张大牌。

假设西家原始持有♣KQ×，你将能够在进行红心飞牌之前，尝试将吃下他的另一张大牌。最后，东家还可能在持有♣K××或♣K×××时错误地上了大牌。有些防守人总有无法抗拒的冲动让他们自己吃投入！

解答 27

♠K J 6 5 2
♡5 4
◇K 10 8 5
♣K 6

♠8 7 3
♡K 10 7
◇Q J 7 4
♣Q 8 7

♠4
♡J 9 8 6 3 2
◇3 2
♣10 9 5 4

♠A Q 10 9
♡A Q
◇A 9 6
♣A J 3 2

西	北	东	南
			2NT
不叫	3♡*	不叫	4♠*
不叫	4NT	不叫	5♣*
不叫	5◇*	不叫	6♠*
全不叫			

意识到他自己几乎持有防守方所有的实力，西家安全地首攻将牌。你赢进后又出两轮清光敌方将牌，如何继续？

如果你能够取得三个方块赢墩，你就能够垫掉你潜在的红心输张。方块套的最佳打法是什么呢？

如果你兑现 A 和 K，在任意防家持有◇QJ××时，你将不能完成目标；如果你兑现◇A，然后对西家进行两次飞牌，在东家持有◇QJ×或◇QJ××时你将无法取得三个方块赢墩。有一种方块套的打法能够确保定约完成，你能发现吗？

你必须在第一轮出◇5，并用◇9 飘过。如果西家赢进这墩牌，他将面对三门花色被投入。回方块将使你在这门花色中能够确保取得第三墩(你从明手出 10 或 8)，从而能够垫掉一张红心；回梅花或红心将直接进入你的间张，同样帮你解决掉了你潜在的红心输墩。

这是一个不同寻常的消去打法——唯一需要消去的花色是将牌！

解答28

♠6 5 2
♡A K
◇J 6 4
♣7 6 5 3 2

西		东
♠K 9 3		♠J 10 7 4
♡Q 8 6 5 3	N W E S	♡J 10 9 2
◇Q 9 5 2		◇10 8 7 3
♣4		♣9

♠A Q 8
♡7 4
◇A K
♣A K Q J 10 8

西	北	东	南
			2♣
不叫	2NT	不叫	3♣
不叫	4♡	不叫	4♠
不叫	5♡	不叫	6♣
全不叫			

防守你的梅花小满贯,西家首攻将牌。让我们先来看看原始的庄家是如何打宕的定约。他赢进将牌首攻,兑现手中的两个方块顶张,用♡A 过桥将吃掉明手的最后一张方块。出红心到明手的 K 后,达到如下局势:

♠6 5 2
♡—
◇—
♣7 6 5 3

西		东
♠K 9 3		♠J 10 7 4
♡Q 8 6	N W E S	♡J 10
◇Q		◇10
♣—		♣—

♠A Q 8
♡—
◇—
♣K Q J 10

希望能够投入西家，庄家现在出♠2。如果东家现在出小，一切都能顺利进行。庄家将出♠8，然后摊牌成约。事与愿违，东家对这一局势非常警惕，冲上了♠J。庄家现在只得尝试出Q，随后输给了西家的K。一张黑桃续攻击溃了满贯。

由于任何一位稍有能力的东家都会冲上J、10或9，只要他持有其中的一张或几张，因此庄家选择的这条线路不是最好的打法。更好的打法是在出◇J之前，先将明手的两张红心大牌全部兑现。这将是改变打法后面对的局势：

西 (W)	北 (N) / 南 (S)	东 (E)
	♠6 5 2 ♡— ◇J ♣7 6 5 3	
♠K 9 3 ♡Q 8 6 ◇Q 9 ♣—		♠J 10 7 4 ♡J 10 ◇10 8 ♣—
	♠A Q 8 ♡— ◇— ♣K Q J 10 8	

恰好，东家将在第三轮方块中跟出小牌。庄家从手中垫掉♠8，西家将用◇Q赢进并被投入——要么被迫回黑桃进入间张，要么送出一个将吃垫牌。如果相反是东家持有◇Q，庄家就将吃，然后从手中出♠8，在♠K飞中(或西家不得不赢进第一轮黑桃)时仍能取得成功。

习题29

	♠A 9 4 2 ♡8 6 3 ♢A 6 ♣K 7 6 3	
首攻♢3	N W E S	
	♠K J 10 5 3 ♡K 7 5 ♢K 8 4 ♣A J	

西	北	东	南
			1♠
不叫	**3♠**	不叫	**4♠**
全不叫			

防守你的黑桃成局定约，西家首攻♢3。你计划如何做庄？

习题30

♠A 10 5 3
♡K J 9 4
◇A 4
♣A K 6

首攻♠K

♠7 4
♡A Q 10 8 3 2
◇K Q
♣9 4 2

西	北	东	南
			1♡
1♠	2♠	不叫	3♡
不叫	6♡	全不叫	

听到开叫人显示低限的再叫,北家放弃了试探大满贯的想法。首攻♠K,你准备如何完成6♡?

习题31

	♠J 7 6 2 ♡A K Q 9 ◇A 5 ♣A 6 5	
首攻◇10	N W E S	
	♠A K 10 8 5 ♡7 4 2 ◇J 3 ♣K 9 4	

西	北	东	南
	1♣	不叫	1♠
不叫	4♠	不叫	4NT
不叫	5♡*	不叫	6♠
全不叫			

你用A赢进首攻的◇10，然后兑现两轮将牌顶张，发现西家持有♠Q94。接下来怎么办？

习题32

♠K Q J 6 2
♡8 2
◇A 5 3
♣A 9 5

首攻♣Q

♠A 10 8 5 4
♡A Q 4
◇Q 9 6
♣K 3

西	北	东	南
			1♠
2♡	3♡	不叫	3NT
不叫	4♣	不叫	4♡
不叫	4NT	不叫	5♡*
不叫	6♠	全不叫	

防守你极富野心的6♠，西家首攻♣Q。你计划如何做庄？

解答 29

North:
♠A 9 4 2
♡8 6 3
◇A 6
♣K 7 6 3

West:
♠7
♡A 10 9 4
◇Q 10 7 3 2
♣Q 8 4

East:
♠Q 8 6
♡Q J 2
◇J 9 5
♣10 9 5 2

South:
♠K J 10 5 3
♡K 7 5
◇K 8 4
♣A J

西	北	东	南
			1♠
不叫	3♠	不叫	4♠
全不叫			

防守你的黑桃成局定约，西家首攻◇3。在你赢进方块首攻后，如果出将牌 A 和 K，会发生什么？如果将牌 Q 在两轮中跌落，一切都没问题——你将最多输三墩红心。如牌张的实际分布时，你将打宕定约。由于♡A 和♣Q 位置都不利，你将无法避免三个边花输墩，再加一墩将牌 Q。

在缺少四张将牌带 Q 时，通常你是要打击落大牌的机会。但这里你却应该飞东家的将牌 Q。为何如此？因为你可以先消去方块，这样即便飞失给西家的双张将牌 Q，他也将被投入，不得不在红心或梅花中送给你一墩牌。

你用 A 赢进方块首攻并兑现将牌 A。如果将牌 Q 没有跌落，你就出方块到 K 并将吃一次方块。现在该明手出牌，局势如下：

	♠9 4 ♡8 6 3 ◇— ♣K 7 6 3	
♠— ♡A 10 9 4 ◇Q 10 ♣Q 8 4	N W E S	♠Q 8 ♡Q J 2 ◇— ♣10 9 5 2
	♠K J 10 5 ♡K 7 5 ◇— ♣A J	

你出♠4 到♠J。在实际分布下,飞牌将取得成功,定约已握在你手中。你将继续清光最后一张将牌,然后尝试跳♡K 以获得一个超墩,在本例中不能取得成功。

如果西家原始持有双张将牌 Q、将牌飞牌失败后，会发生什么？此时面对的局势与下图所示类似：

	♠9 4 ♡8 6 3 ◇— ♣K 7 6 3	
♠Q ♡A 10 4 ◇Q 10 ♣Q 8 4	N W E S	♠8 ♡Q J 9 2 ◇— ♣10 9 5 2
	♠K J 10 5 ♡K 7 5 ◇— ♣A J	

如前所述,你出♠4 到♠J。这一次西家将用 Q 赢进,很高兴得到这一墩。但他不会高兴太久,因为他将无法避免帮你完成定约。比如说他回梅花,你就用 J 赢进,兑现♣A 后用♠9 过到明手,将你的一个红心输张垫在♣K 之下。无论将牌飞牌是成功还是失败,你都能完成定约!

解答 30

北
♠A 10 5 3
♡K J 9 4
♢A 4
♣A K 6

西
♠K Q J 9 6
♡7 5
♢10 8 7 2
♣Q 5

东
♠8 2
♡6
♢J 9 6 5 3
♣J 10 8 7 3

南
♠7 4
♡A Q 10 8 3 2
♢K Q
♣9 4 2

西	北	东	南
			1♡
1♠	2♠	不叫	3♡
不叫	6♡	全不叫	

防守你的红心小满贯，西家首攻♠K。你用明手的 A 赢进，东家跟出♠8。看起来你在两门黑花色中各有一个输墩，你有什么办法处理它们吗？

原始的庄家没有找到最佳做庄路线。在赢进黑桃首攻后，他先清了两轮将牌，然后消去方块，再打梅花 A、K 和又一轮梅花。只在一种情况下他能够侥幸成功——即东家持有五张梅花被迫赢进，同时他还只有一张黑桃，使得他不得不送给你一个将吃垫牌。不幸的是，他还有第二张黑桃，防守方宣称取得宕墩。你发现庄家有比这更好的打法了吗？

如果西家确实只有两张梅花，同时还持有 K-Q-J 领头的黑桃，他将遭到投入。在清光将牌后，你应该接连兑现两轮梅花顶张大牌和方块 AK。还剩下这些牌张时，让出牌权保留在南家：

	♠10 5 3 ♡J 9 ◇— ♣6	
♠Q J 9 6 ♡— ◇10 8 ♣—	N W E S	♠2 ♡— ◇J 9 ♣J 10 8
	♠7 ♡Q 10 8 3 ◇— ♣9	

当你朝着明手的 **10** 出小黑桃时，西家注定难逃一劫。无论他用 **Q** 还是 **J** 赢进，都已无牌可回。回攻黑桃(无论是大还是小)将树立明手的 **10**，使你能够垫掉手中的最后一张梅花；唯一的其他选择是出第三轮方块，而这又将送出一个将吃垫牌。

解答31

♠J 7 6 2
♡A K Q 9
◇A 5
♣A 6 5

西	东
♠Q 9 4	♠3
♡J 8 5 3	♡10 6
◇10 9 8 6 2	◇K Q 7 4
♣8	♣Q J 10 7 3 2

♠A K 10 8 5
♡7 4 2
◇J 3
♣K 9 4

西	北	东	南
	1♣	不叫	**1♠**
不叫	**4♠**	不叫	**4NT**
不叫	**5♡***	不叫	**6♠**
全不叫			

北家的**4♠**是冒叫（最近你高超的消去打法给他留下了深刻的印象）。西家首攻◇**10**对抗你极富进取心的黑桃小满贯。你用明手的◇**A**赢进，兑现两轮将牌顶张，发现西家有一个将牌赢墩。在如此糟糕的开局之下，还有什么取得十二墩牌的机会吗？

如果你能够取得四墩红心，你就能够垫掉手中的方块并消去这门花色。在这一前提下，如果西家只有不超过两张的梅花，你就能够剥光他手中的梅花，并用♠**Q**投入给他，让他送给你一个将吃垫牌。

想要成功执行这一计划，红心套需要怎样的分布呢？如果红心是**3-3**分布将毫无帮助，因为当你在第四轮红心上垫掉你的方块输张时，西家将能够进行将吃。而此时你还没有消去方块花色，他将能够安全地用方块脱手。你需要西家持有四张红心。如果西家原始持有♡**J10××**，直接用明手的♡**9**进行飞牌将是致胜打法；如果西家原始持有♡10×××或♡J×××，你就应该兑现两轮红心大牌。这将击落东家的双张大牌，使第三轮用♡9 飞牌成为可能。

哪一种可能性更大：四张带一大，还是四张带两大？只有一张大牌的持牌有八种可能的组合，而有两张大牌的组合只有六种。因此你应该兑现两轮红心大牌，而不是在早期就用♡9 飞牌。

（如果东家持有♡J10 双张，两种打法都能够取得成功。这是因为在用♡9 进行飞牌前，先兑现♡A 没有任何损失。而当东家的一张大牌已经被击落时，你能承受继续兑现一轮红心大牌。）

当牌张分布如牌型表所示时，东家的♡10 将在第二轮跌落。你用♣K 回手，并出♡9 飞牌成功。接下来你可以在♡Q 上垫掉方块，然后将吃明手的最后一张方块。还剩下这些牌张：

	♠J 8 ♡— ♢— ♣A 6	
♠Q ♡— ♢9 8 6 ♣—		♠— ♡— ♢Q 7 ♣J 10
	♠10 9 ♡— ♢— ♣9 4	

当你朝明手的 A 引梅花时，西家无能为力。如果他将吃，只能将吃到空气，你会从明手出♣6 然后摊牌刚好完成定约。显然他会垫牌，让你用明手的♣A 赢进。现在你就用将牌投入给西家。他将不得不回攻方块，你只需在任意一手将吃并从另一手垫掉梅花输张即可。的确是很艰苦的工作，但这毕竟是十二墩牌！

解答32

	♠K Q J 6 2 ♡8 2 ◇A 5 3 ♣A 9 5	
♠3 ♡K J 10 9 6 3 ◇K 7 ♣Q J 10 8		♠9 7 ♡7 5 ◇J 10 8 4 2 ♣7 6 4 2
	♠A 10 8 5 4 ♡A Q 4 ◇Q 9 6 ♣K 3	

西	北	东	南
			1♠
2♡	3♡	不叫	3NT
不叫	4♣	不叫	4♡
不叫	4NT	不叫	5♡*
不叫	6♠	全不叫	

被你在前一副牌中的成功所鼓舞，你逐步发展到了一个千疮百孔的满贯上去。西家首攻♣Q，你发现你在面对一个红心输墩和两个可能的方块输墩。你有什么办法吗？

尝试跳方块Q来减少一个方块输墩对你没有任何好处。即便东家确实持有K，你还是会输掉一墩方块并肯定要再输掉一墩红心。相反，你应该寄希望于西家持有双张◇K。这样就有可能通过忍让第二轮方块投入给他，并同时建立好◇Q。

你用K赢进梅花首攻，清两轮将牌，并消去梅花花色。随后你打一张方块到A，还剩下这些牌张：

	♠Q J 6 ♡8 2 ◇5 3 ♣—	
♠— ♡K J 10 9 3 ◇K ♣J	N W E S	♠— ♡7 5 ◇J 10 8 4 ♣7
	♠10 8 ♡A Q 4 ◇Q 9 ♣—	

现在你出一张方块到手中的 **9**(无论东家是否上大牌)。当西家剩下的单 **K** 赢进这一墩后,他只能回红心进入 **A-Q** 间张,或是回梅花送给你一个将吃垫牌。

如果西家是一位专家级的好手,并在明手出 **A** 时解封他的◇**K**,来避免遭到投入怎么办?一切还没有结束!你可以出一轮方块到 **Q**, 以剥光他可能还有的第二张方块, 然后用将牌回到明手。这将是最后的终局:

	♠J 6 ♡8 2 ◇5 ♣—	
♠— ♡K J 10 3 ◇— ♣J	N W E S	♠— ♡7 5 ◇J 10 ♣7
	♠10 ♡A Q 4 ◇9 ♣—	

的确,西家逃过了被方块投入的命运,但他面对的是一位真正的终局打法大师!作为最后一搏,你尝试用♡**8** 投入到他手中。正如本例,当西家原始持有四张所缺失的红心大牌时,他将无法避免赢进这一墩牌,最终遭到投入。

习题33

	♠A Q J 10 9 4 ♡A Q 6 ◇A J ♣A K
首攻◇K	
	♠8 7 5 3 ♡9 4 ◇6 2 ♣9 8 6 4 3

西	北	东	南
1◇	加倍	不叫	1♠
不叫	6♠	全不叫	

尽管拿到一手白皮，你却发现你竟然要主打黑桃小满贯！西家首攻◇K，你准备如何完成定约？

习题 34

	♠A 6 5 3 ♡A 6 5 ◇Q J 10 2 ♣3 2
首攻♡K	N/W/E/S
	♠K Q J 10 9 7 ♡10 7 3 ◇A 4 ♣K 7

西	北	东	南
			1♠
加倍	2NT*	不叫	4♠
全不叫			

西家首攻♡K,你准备如何完成这一黑桃成局?

习题 35

♠Q 10
♡Q 10 7 5 4
◇A 8 6 5
♣A 9

首攻♠K

♠8 2
♡A K J 9 2
◇Q J 4 3
♣K 5

西	北	东	南
			1♡
1♠	2♠	不叫	4♡
全不叫			

西家兑现两张黑桃大牌后，转攻♣10。什么样的方块分布会威胁到你的定约？你如何解决这一问题？

习题36

	♠A Q 7 ♡5 4 3 ◇6 5 3 2 ♣9 7 2
首攻♡10	
	♠— ♡A K 6 ◇A Q J 10 9 8 7 ♣A K 10

西	北	东	南
			2♣
3♠	3NT	不叫	6◇
全不叫			

你赢进红心首攻并兑现◇A，西家跟出◇4而东家示缺。你准备如何继续？

解答33

	♠A Q J 10 9 4 ♡A Q 6 ♢A J ♣A K	
♠K 2 ♡K J 2 ♢K Q 10 9 5 3 ♣J 10	N W E S	♠6 ♡10 8 7 5 3 ♢8 7 4 ♣Q 7 5 2
	♠8 7 5 3 ♡9 4 ♢6 2 ♣9 8 6 4 3	

西	北	东	南
1♢	加倍	不叫	1♠
不叫	6♠	全不叫	

防守你的黑桃小满贯，西家首攻♢K。显而易见已经有一个确定的方块输墩，你需要在两门高花中都进行飞牌。不幸的是你没有任何进张能够回到你手中，除非♠K是单张。在这种情况下你可以出A击落它，然后用♠8进手进行红心飞牌。

看起来你似乎只能依赖于单张♠K了。但与此同时，你还可以利用消去打法给自己提供一个额外的机会。用A赢进方块首攻后，兑现明手的两个梅花顶张。在西家原始持有双张梅花时，这将剥光他手中的梅花安全脱手张。还剩下这些牌张：

	♠A Q J 10 9 4 ♡A Q 6 ♢J ♣—	
♠K 2 ♡K J 2 ♢Q 10 9 5 3 ♣—	N W E S	♠6 ♡10 8 7 5 3 ♢8 7 ♣Q 7
	♠8 7 5 3 ♡9 4 ♢6 ♣9 8 6	

你用◇J脱手，投入西家。幸运之神与你同在——他果然没有梅花了。如果他用将牌脱手，你就放小让南家赢进，然后用♡Q成功飞牌。随后你可以调出西家手中的最后一张将牌，兑现♡A并将吃一张红心。

在西家持有♠K62时你也可能取得成功。你还是让南家赢进他的将牌脱手，用♡Q飞牌并兑现♡A。只要西家原始持有三张红心，你就能够通过将吃回到南家手中，再重复将牌飞牌。

假设西家选择用红心脱手而非将牌。你就用♡Q进行飞牌，并兑现♡A。随后你可以通过将吃红心回到你手中，并起♠8。

最后，如果西家被证实还有能够安全脱手的梅花，你就用♠Q将吃，并尝试击落单张♠K。

解答34

北
♠A 6 5 3
♡A 6 5
◇Q J 10 2
♣3 2

西		东
♠2 ♡K Q J 4 ◇8 7 6 ♣A Q 8 6 5		♠8 4 ♡9 8 2 ◇K 9 5 3 ♣J 10 9 4

南
♠K Q J 10 9 7
♡10 7 3
◇A 4
♣K 7

西	北	东	南
			1♠
加倍	2NT*	不叫	4♠
全不叫			

防守你的黑桃成局定约，西家首攻♡K。你应该忍让第一轮红心，赢进红心续攻。只有东家持有◇K定约才有可能完成。基于这一前提，你必须马上起◇Q。在方块Q赢得这一墩时，定约的前景明亮了一些。你用K和Q清两轮将牌，然后兑现◇A，剩下这些牌张：

北
♠A 6
♡6
◇J 10
♣3 2

西		东
♠— ♡J 4 ◇8 ♣A Q 8 6		♠— ♡9 ◇K 9 ♣J 10 9 4

南
♠J 10 9 7
♡10
◇—
♣K 7

当你用红心投入西家时,他已没有安全的牌张可回。用红心脱手将送给你一个将吃垫牌,出梅花又会帮你树立起K。唯一还剩下的其他选择是方块，但这将使你能够对东家的K进行将吃飞牌。在南家将吃掉K后,你还能够通过♠A进入明手,用已经建立的方块赢墩垫掉一个输张。

你发现必须忍让首攻的♡K的妙处了吗？如果你赢进第一轮红心,这将是这门花色剩下的结构：

♡6 5

♡Q J 4 (N W E S) ♡9 8

♡10 7

现在你无法用红心投入给西家，因为东家将能够赢进第二或第三轮红心。

在下面这样的原始分布中,忍让第一轮也是必不可少的：

♡A 6 5

♡K Q 9 8 2 (N W E S) ♡J 4

♡10 7 3

如果你错误地用A赢进了第一轮,东家将能够在第二轮用J赢进。

解答 35

	北	
	♠Q 10 ♡Q 10 7 5 4 ◇A 8 6 5 ♣A 9	
西 ♠A K 9 6 5 4 ♡6 ◇K 10 9 7 ♣10 6		东 ♠J 7 3 ♡8 3 ◇2 ♣Q J 8 7 4 3 2
	南 ♠8 2 ♡A K J 9 2 ◇Q J 4 3 ♣K 5	

西	北	东	南
			1♡
1♠	2♠	不叫	4♡
全不叫			

西家兑现两张黑桃大牌后，转攻♣10。你用K赢进，清两轮将牌。问题花色是方块，在西家持有K-10-9领队的四张时，你可能会输两墩。你可以用消去打法来应对这样的结构。你兑现剩下的另一张梅花大牌，完成了对黑花色的消去。剩下这些牌张：

	北	
	♠— ♡Q 10 7 ◇A 8 6 5 ♣—	
西 ♠9 6 5 ♡— ◇K 10 9 7 ♣—		东 ♠J ♡— ◇2 ♣Q J 8 7 4
	南 ♠— ♡J 9 2 ◇Q J 4 3 ♣—	

接下来你出一张方块到Q。如果西家用K赢进，他将被投入。第三轮黑桃将送给你一个将吃垫牌；而如果他用◇10脱手，你就

用◇J赢进,并接着用◇8飞牌。西家唯一剩下的其他武器就是◇7,但你将用明手的◇8盖上,直接赢得这一墩。

西家很容易就能够预见到这一切，因此一位老练的防守人将让你的◇Q赢得这一墩。如果你现在就松懈了,继续出方块A和另一轮方块,你就将打宕定约！下面是面临的局势：

西	北	东
	♠— ♡Q 10 7 ◇A 8 6 ♣—	
♠9 6 5 ♡— ◇K 10 9 ♣—	N W E S	♠J ♡— ◇— ♣Q J 8 7 4
	♠— ♡J 9 2 ◇J 4 3 ♣—	

能够应对剩下的任意方块分布的安全打法,是手中直接出小方块，只要西家跟出就从明手放小忍让即可——要么3-2分布,要么西家已被投入;如果西家告缺,明手方块A吃住再向方块J引方块。

如果方块是3-2分布,或东家原始持有◇K1092,你将很轻松的取得你所需要的三个方块赢墩。

解答36

♠A Q 7
♡5 4 3
◇6 5 3 2
♣9 7 2

♠K J 10 9 8 6 4 2
♡10 9
◇K 4
♣Q

♠5 3
♡Q J 8 7 2
◇—
♣J 8 6 5 4 3

♠—
♡A K 6
◇A Q J 10 9 8 7
♣A K 10

西	北	东	南
			2♣
3♠	3NT	不叫	6◇
全不叫			

来一个值得痛饮香槟的牌例来结束本书！实际上，这是有年份的香槟牌例，因为这是里斯和富兰克林为 **1957** 年的一场桥牌标准赛创作的牌例。你赢进红心首攻并兑现◇**A**。当西家跟出◇**4** 而东家示缺时，你唯一的机会是采用消去打法。兑现红心和梅花顶张后，还剩下这些牌张：

♠A Q 7
♡5
◇6 5 3
♣9

♠K J 10 9 8 6 4
♡—
◇K
♣—

♠5 3
♡Q J 8
◇—
♣J 8 6

♠—
♡6
◇Q J 10 9 8 7
♣10

接下来你用将牌脱手给西家仅剩的 **K**。由于他手中只剩下黑桃，他只得回攻一张。你用明手的♠Q 成功飞牌并继续兑现♠A，垫掉手中的两个输张，完成了满贯。

在桥牌标准赛中，参赛者需要发现的是西家必须在庄家的◇A 下解封◇K！由于他所剩下的◇4，比南家手中的所有方块都小，他不会遭到投入。有四位坐在西家的牌手做出了这一光彩夺目的防守，包括传奇人物海伦索贝尔——伟大的查尔斯戈伦的搭档。

你有没有发现这一满贯仍旧可以完成？在调出最后一张将牌后，你拔♣A，当西家掉出♣Q 时，你将目标转向投入东家。停止继续出梅花，你兑现♡A。终局如下：

♠A Q 7
♡5
◇6 5
♣9 7

♠K J 10 9 8 6 4 2
♡—
◇—
♣—

N W E S

♠5 3
♡Q J 8
◇—
♣J 8 6

♠—
♡6
◇J 10 9 8 7
♣K 10

当你用红心脱手时，东家赢进，难逃一劫。梅花回攻将使你能够用 10 成功飞牌；黑桃回攻将进入明手的♠AQ，使你能够垫掉手中的两个输张！

后　记

现在，你已经是一位消去打法的专家了。这是一个值得获取的、有用的学历吗？当然是。尽管看起来一个将吃挤牌的专家更易给人留下深刻的印象，但事实是消去打法的良机几乎在你参加的每一节比赛中都会出现，而你或许需要等待几个月甚至几年才能有个表演将吃挤牌的机会。无论如何，我们希望你能够喜欢这本书，尽管你做了很多繁重的功课。当你下一次在最棒的体育场馆——桥牌桌上进行探险时，请相信我们最美好的祝福与你同在。